口碑营销

让每一个消费者都成为你的传播平台

陈楠华◎著

南方出版传媒
广东经济出版社
——广州——

图书在版编目（CIP）数据

口碑营销 / 陈楠华著． —广州 ：广东经济出版社，2017.12（2019.10 重印）
ISBN 978-7-5454-5202-0

Ⅰ．①口… Ⅱ．①陈… Ⅲ．①营销—基本知识 Ⅳ．①F713.5

中国版本图书馆 CIP 数据核字（2017）第 258922 号

特约编辑：曾柯杰
责任编辑：程梦菲　张晶晶
责任技编：谢　莹
封面设计：润和佳艺

《口碑营销》
KOUBEI YINGXIAO
陈楠华　著

出版发行	广东经济出版社（广州市环市东路水荫路 11 号 11-12 楼）
经销	全国新华书店
印刷	大厂回族自治县彩虹印刷有限公司
开本	710 毫米 ×1000 毫米　1/16
印张	15
字数	207 000 字
版次	2017 年 12 月第 1 版
印次	2019 年 10 月第 4 次
印数	40001-50000
书号	ISBN 978-7-5454-5202-0
定价	45.00 元

如发现印装质量问题，影响阅读，请与承印厂联系调换。
发行部地址：广州市环市东路水荫路 11 号 11 楼
电话：（020）38306055　37601950　邮编：510075
邮购地址：广州市环市东路水荫路 11 号 11 楼
电话：（020）37601950　营销网址：http://www.gebook.com
广东经济出版社新浪官方微博：http://e.weibo.com/gebook
广东经济出版社常年法律顾问：胡志海律师

前言

愿未来的你有口皆碑

古代中国人喜欢把功劳刻在石碑上，让子孙后代都知道。“口碑”一词的诞生与这个古俗有很大关系。口碑口碑，有口皆碑。在人民群众中口口相传的好名声，如同记功用的石碑一样经久不衰。在移动互联网时代，人们很容易被应接不暇的新热点夺走注意力，但与此同时，企业的产品和品牌也获得了广阔的口碑传播渠道，使得口碑营销逐渐发展成一种成熟的营销套路。

口碑营销，顾名思义就是用产品或服务的好口碑来拉动销售增长。说白了，就是扩大品牌的正面影响力，使之在消费者心中留下深刻的印象，只要一提到某类产品，就马上联想到你的品牌。

在发达国家，口碑营销已经是营销行业的一个热门研究课题。特别是自媒体时代的降临改变了传统的互联网生活，颠覆了人们原先的社交方式。互联网营销因此走上了新的台阶，口碑营销也成为越来越多企业竞争市场的重要利器。

相对于传统的广告营销推广模式而言，口碑营销的形式更为灵活，更接地气，成本更低，但操作起来的变数也更多。

美国沃顿商学院教授乔纳·伯杰指出："虽然很容易找到社会传播的例子，但要想让某种事物流行起来却很难。即使在营销和广告上倾注大量金钱，能够流行起来的事物也少之又少。这就导致大多数餐馆以关门告终，大多数企业以惨败收场，大多数社会活动都未能吸引公众的眼球。"

口碑营销是一个正在不断完善的互联网营销方法论。这种营销手段需要遵循一定的规律与法则，否则就是盲目出击、无的放矢。善于运用口碑营销的商家可以引发消费者的情感共鸣，把使用某一品牌的产品或服务视为有品位、有个性的生活方式，也就是把钱花在打造满意度上。

塑造产品品牌的正面形象是口碑营销的直接目标。商家通过多种办法来向用户展现产品的特色，让他们感觉物有所值，自愿替你把产品介绍给自己的熟人。口口相传的力量扩散了品牌影响力，树立了口碑形象，带动了更多消费者参与。商家与消费者保持频繁而深入的社交互动，逐渐形成一个稳定且消费习惯相同的用户群体。这就是口碑营销为企业开辟的财源。

本书将从十个角度来阐述口碑营销的理念与方法，包括口碑营销的基本含义，以及怎样调动消费者的情绪、怎样塑造口碑形象、怎样做话题营销、怎样扩宽口碑传播力度、怎样与消费者进行互动、怎样了解用户的反馈意见并做出改进、怎样避免口碑营销的误区、怎样变现口碑的价值等。通过阅读这些内容，读者们就能以全面的眼光看待口碑营销，不迷信其作用，不因此忽略产品本身的品质，但也不忽视这一营销利器。

如今的市场竞争越发激烈，消费者需求越来越丰富多变，但产品同质化现象严重，信息过载让消费者的注意力被大量无关信息分散掉。合理运用口碑营销手段，可以帮助企业更好地传播自己的品牌形象，提高市场受众的好感度，最终打造一个良性循环的营销机制。

目录

第三章　共鸣原理：好口碑坏口碑，取决于消费者的情绪

第四章　形象塑造：好口碑源于产品品牌自身的光环

第五章　话题挖掘：无话题则无人气，热议才会有口碑

第九章　误区警告：扭转负面口碑不如事先避开陷阱

第十章　价值变现：用户满意度就是最好的财源

第一章

口碑营销：想赚互联网红利，先记住几条法则

口碑营销在本质上是积累好评度和好感度，让真正的客户替商家免费宣传，而不是亲自上阵、浑水摸鱼。想要做好口碑营销，首先要了解口碑营销的五大要素，然后踏踏实实地围绕这五个要素开展工作。只有个性鲜明的品牌形象，才会在广大消费者中引发口碑传播。因为在崇尚个性化的今天，个性不鲜明的东西缺乏讨论价值。

法则一：口碑营销的五大要素

要点提示

1. 什么是口碑营销；
2. 口碑传播的五大基本要素。

口碑营销的内涵

口碑营销是一种特殊的营销方式。消费者之间会经常谈论某个企业产品的优缺点，从而形成了口口相传的口碑。这种口碑通过多种渠道在市场中传播和扩散，进而对其他消费者的购物决策产生深刻的影响。这个过程就是一次口碑营销的过程。

不同于传统的广告宣传模式，口碑营销是真实消费者之间的交谈，而不再是企业销售团队对消费者的单方面灌输。即便营销者能在一定程度上影响用户的意见，也无法绝对控制舆论走向。这是一种以企业与消费者保持平等关系为前提的营销方式。

就事论事，“口碑”一词早已出现。口碑营销，说白了也就是提高消费者对公司产品或服务的好感度，利用好感度来刺激消费。但口碑营销直到互联网时代才真正成为一种成熟的现代营销理论。因为，这种营销方式是通过人们的自然交谈实现销售信息的口口相传。唯有在社交媒体十分发达的今天，口碑传播速度才能借助互联网的聚焦放大效应，在短时期内迅速传遍全球，形成数十万甚至上百万消费者参与互动讨论的热议话题。

当然，根据美国口碑营销研究咨询公司凯勒·费伊集团的统计，互联网上的口口相传实际上只占了所有口碑传播的7%。尽管如此，口碑营销并不局限于讨论的形式，更重要的是“讨论”本身。

从根本上说，口碑营销的核心思想中有三句话：

第一，让大家有兴趣讨论你的产品、服务、创意、功绩、形象；

第二，让大家有兴趣在讨论之余购买你提供的东西；

第三，让大家有兴趣长期地讨论你的一切，并把你的各种消息扩散给更多人。

案例研究

为了推广全球首个主动式智能厨房——方太智能M，方太集团在母亲节时发布了一个短片。在这个长6分13秒的视频中，女主角通过智能设备远程控制方太智能M，方太智能M根据主人最近的就餐时间与身体状况来调整饮食，自动开火烹调，同时还能净化空气、当闹钟、提醒各种需要注意的事项等。从起床到用餐，这款主动式智能厨房都能以精确到秒的节奏准备你需要的美食。

甚至在女主角失恋时，方太智能M也在安慰她（以提供蔬菜知识和全球失恋人数统计等形式），并给女主角做了可口的蛋糕（背景字幕：懂你的胃，更懂你的心）。

视频最后提到：“史上最强大的厨房智能，你想拥有吗？”接下来，方太揭晓了一个出人意料的答案——“其实，你现在已经拥有，Mother！世界上最大的智能是妈妈的爱。”在整部影片中，方太智能M不仅仅是一个能干的机器人，更是一个像母亲一样全方面关心你、呵护你的智能饮食生活管家。它和母亲一样熟悉你的口味，精心为你准备一日三餐，注意保障你的饮食平衡与身心健康。

方太智能M中的“M”即英文“Mother”（妈妈）的缩写。这个广告短片很好地塑造了“妈妈”这个文化符号，又突出了方太智能M的品牌内涵与优异性能，于是在方太产品的消费者中得到了很好的反馈效果。

口碑营销的五大要素

美国口碑营销学专家安迪·赛诺维兹认为口碑的疯狂传播离不开五个“T”要素。

1. Talkers（谈论者）

谈论者是指那些向别人谈论你的产品品牌的人。他们可能是企业产品的发烧友，也可能是初来乍到的新顾客。口碑传播的推手就是这群规模不等、身份不同的人。如果没有谈论者，口碑营销就成了无本之木。

2. Topics（话题）

话题指的是人们谈论的具体内容。任何口碑最初都源于一个有讨论价值的信息。这个信息可能是产品的性价比或者奇妙创意，也可能是服务上的不足等等。该信息能引发大家的讨论兴趣，而且能在众人的脑海中形成一个比较容易记住的印象。

3. Tools（推动工具）

推动工具是指营销者用来推动口碑传播的各种媒介、平台和技术手段等。发达的互联网让口碑传播的时间越来越短，传播范围越来越广，话题影响力越来越大。传统媒体和新媒体都是口碑传播的推动工具，但如何用好这些性能不同的工具，往往考验着口碑营销者的运作水平。

4. Taking Part（参与）

参与指的是营销者加入谈论活动当中。口碑营销的一大特征就是频繁的参与和互动，营销者主动参与到消费者的讨论中，与之进行深入交流。

这不仅是为了让口碑交谈话题能延续下去，也是拉近企业与消费者关系的必为之举。

5. Tracking（跟踪了解）

跟踪了解的对象是那些正在谈论你的人，目标是弄清楚他们在谈论你的什么情况。这是企业收集消费者反馈意见，评估口碑传播效果的必备工作。通过这项工作，营销者可以根据实际情况调整原先的策略。

我们在制订口碑营销计划时应该结合这五个要素，这样才能让口碑传播变得有章可循。

专家视角

有时，好的口碑得之于误打误撞；有时，又是精心策划的结果。不管怎样，都要具备一些基本的要素，以使口碑疯狂地传播开来。这些要素就是所谓的五个“T”：Talkers（谈论者），Topics（话题），Tools（推动工具），Taking Part（参与），还有Tracking（跟踪了解）。

——美国口碑营销专家　安迪·赛诺维兹

法则二：自夸不如人夸，让客户替你做宣传

要点提示

1. 消费者通常更容易相信其他消费者推荐的产品；
2. 口碑传播不靠商家自我夸耀，而靠客户替你做宣传。

比起专家的科普，你更信亲友的推荐

比起陌生人，人们总是倾向于相信熟人。陌生人提的意见再中肯，你也会下意识地猜疑对方的话是否真实。如果同样的话由你的亲朋好友来说，你可能会毫不犹豫地选择相信，至少不会像对陌生人那样反复验证。因为你内心深处相信亲朋好友不会做对你不利的事情，他们亲身验证过的东西应该是靠谱的，最起码是不离谱的。

很遗憾，许多消费者就是由于这种心态做出了冲动而错误的消费决策，而且他们往往不会吃一堑长一智，而是重复进入轻信熟人的误区。非法的传销活动正是利用人们的这种心理实现了滚雪球式的发展。

不过话说回来，合法的生意同样可以利用消费者的这种心理，口碑营销就是如此。

口碑营销是以口口相传的力量来打动消费者，信息传递链上的各个

环节，不是亲友，就是亲友的亲友。信赖公司产品的消费者把好评传给熟人，该产品的美誉度就在熟人的朋友圈里不断扩散。绝大多数的消费者虽然也会货比三家，但一般并不会全面细致地调查同类产品的全部信息。亲朋好友的推荐会减少他们购买产品时的疑虑。

由此可见，与其让营销团队自夸公司产品，不如让客户来自发传播口碑，替公司做宣传。虽然他们对产品的介绍不如你专业，但消费者更愿意相信同为产品用户的他们的话，而不是你的。口碑营销是借力打力，具有事半功倍之效，何乐而不为呢？

案例研究

潘婷的广告短片“内心强大，外在闪耀——向内心强大的她献赞”用短短的2分12秒传达了一种对女性消费者很有启迪意义的价值观。女性的一生是否应该按照唯一的标准去生活，这个问题见仁见智。潘婷广告短片讲述了几个背景完全不同的年轻女性的生活，并提出女人应该活得多姿多彩的人生观。正如解说词所说：“选择无分对错，强大的内心，让你闪耀更美丽。为内心强大的女生们，赞一个！”

“内心强大，外在闪耀”这个广告短片，是潘婷针对目标用户群体的特点来制作的。潘婷产品的目标用户是年轻女性，她们有着各种各样的出身背景与职业，却都希望能活得漂亮。潘婷对此有着深刻的理解，于是在短片中将目标用户分为白领、年轻妈妈和90后这三个群体。每一个角色代表一种不一样的生活态度，从而实现与各个年轻女性群体的精准沟通，并引起广泛的情感共鸣。

在发布这个广告短片时，潘婷还借助了腾讯平台的社交影响力，让目标受众在观看短片之后可在PC端或移动端录取指纹制作心意卡，让大家可以向身边的女性好友献赞。这种跨屏互动的营销模式吸引了消费者广泛参与，让潘婷广告短片在朋友圈里形成了传播热潮。

最终，“内心强大，外在闪耀”这个广告短片的播放总量在3000万次以上，点赞次数超过了1000万，年轻女性购买潘婷产品的意向度提升了3%。

传播力六要素

美国的乔纳·伯杰教授提出了传播力的六项原则。这六项原则指的是六个对信息传播有很大影响的要素，它们分别是“社交货币”、诱因、情绪、公开性、实用价值和故事。

“社交货币”指的是我们谈论的内容会影响别人对我们的看法，并重新评估我们的价值。你的“社交货币”越多，别人就越觉得你在某方面是出色的内行人士。而当你想让别人开口谈论时，可以运用一些技巧让他们感觉自己很有水平，激发其表现欲望，这也是一种促进传播的“社交货币”。

诱因是能促使大家联想起相关事物的信息。比如，提到智能机器人就联想到施瓦辛格扮演的终结者，提到铁榔头就联想到郎平。如果把产品、创意跟某些生活中常见的事物联系起来，人们在该事物的提示下就更容易传播相关产品的信息。

调动谈论者的情绪是促进口碑传播的重要技巧。能触发情绪的信息更容易燃起人们的分享欲望。引发的情绪共鸣越大，传播的力度也就越大。

公开性指的是信息越公开越能广泛而快速地传播。正如越醒目的广告越容易流行，产品与创意要增加曝光率，才能被更多人看到并自觉传播。

实用价值是让你的信息从海量信息中脱颖而出的关键。如果人们觉得一样东西对自己毫无用处，就不会有兴趣去传播。

如果能把想传播的信息编入一个故事当中，那么人们就会乐于传诵这个故事，并在反复的讲述过程中传递植入的信息。

潘婷的广告短片具备了这六个要素。它富含“社交货币”，以白领、年轻妈妈和90后三个社会角色标签为诱因，激发了女性消费者积极向上的情绪，具有公开性与实用价值，并把所有的理念装进了一个娓娓动听的故事中。所以，这部广告短片让潘婷获得了惊人的传播效果与经济回报。

专家视角

这就是口碑经纪公司以及其他口碑营销公司能够高效运作的原因。他们不会逼迫人们为他们讨厌的产品说好话，也不会怂恿他们故意在谈话中推荐产品。口碑经纪公司只是利用人们愿意与他人谈论并分享产品和服务这一既成事实。为人们提供一款他们喜欢的产品，他们自然会将之传播开来。

——美国口碑营销专家　乔纳·伯杰

法则三：谈论口碑的人不只是客户

要点提示

1. 讨论产品口碑的人不只是产品用户；
2. 做口碑营销之前，先找出那些喜欢谈论产品的人。

谁是口碑谈论者

人们普遍有爱八卦的天性，喜欢在茶余饭后扯闲篇。新媒体时代更是如此，大家每天都能从互联网上看到各种“教人欢喜教人忧，令人捧腹令人愁”的消息。海量的新闻分散了“吃瓜群众”的注意力，但并没有减少他们“指点江山，激扬文字”的兴趣。甚至可以说，社交媒体让人们更加热衷于表达自己的观点，甚至不假思索地说一些蠢话。

在这个背景下，公司产品的口碑谈论者不可能只是顾客。非顾客的参与者数不胜数，恐怕比真正的产品用户多了不知多少倍。

通常来说，产品用户是口碑谈论者中最核心的群体。他们的数量未必占主流，但影响力却是其他类型的谈论者望尘莫及的。因为他们是实际使用公司产品的人，对满意或不满意的地方有着最直观的感受，而且也希望分享观点、寻找共鸣。非顾客的人群可能不会购买你的产品，但对讨论产品及其公司非常感兴趣，一般看到别人提到相关品牌时都会忍不住插几句嘴。比如，媒体记者、同类产品的研发者、喜欢看商业新闻的其他普通人，都是潜在的口碑谈论者。

需要明确的是，口碑谈论者往往是跟我们一样的普通人。他们分布在每一个年龄段、每一种职业，拥有不同的爱好与价值观，收入水平与社会地位大相径庭。但他们都喜欢在熟人面前讨论产品，甚至比拿工资的导购员更喜欢向其他人推荐产品。

案例研究

英国服装品牌Roman推出了一条颇具魔性的裙子，意外地在互联网上掀起了一次热烈的争论。更出人意料的是，这场争论很快盖过了所有高端服装品牌的营销效果。

原来，这款带双色格子的裙子有着诡异的视觉效果，一些消费者认为这条裙子是蓝黑双色的，另一些消费者则认为这条裙子是白金双色的。显然，两种搭配的色彩相差十万八千里。按理说，应该不会有人看错才对。但还是有购买这种裙子的消费者在社交媒体上发布了该款裙子的照片，问大家裙子到底是蓝黑双色的还是白金双色的。

不料，网友们很快分出了两大阵营，双方之间未能形成统一意见。这场争论从BuzzFeed烧到Facebook，又传到了微博和微信朋友圈。Roman裙子很快成为全世界社交媒体上的热门话题。

这场“蓝黑白金”之争的热烈程度和广泛程度，超出了所有高端服装品牌营销团队的预料。更有趣的是，这场盛况空前的争论一直没有结果。“蓝黑党”与“白金党”的人数都在不断增长，谁也说服不了谁。尽管并不是所有的“蓝黑党”与“白金党”都买了裙子，但很多购买者都是受到了这个话题的影响才选购的。与此同时，仅为三线品牌的Roman女装的销量竟然一下子暴涨了347%，成为这个热议话题的最大赢家，并迅速崛起为一线品牌。

谁是最佳口碑谈论者

答案不确定。按照我们的直觉，那些消费最多的顾客显然是最热爱产品的人，他们肯定是最积极的口碑谈论者。但美国营销专家做了街头调查后发现，事实并非如此。

那些经常消费某种产品的顾客，已经将其视为日常生活的一个小片段。由于习以为常，反而不会刻意向其他人宣传你的产品。只有在遇到同样熟悉这款产品的同道中人时，他们才会兴致勃勃地展开深入讨论。如果只是使用你的产品而没有任何推荐的行为，就不算是真正的口碑谈论者。

有趣的是，那些第一次使用你的产品的顾客，更有可能成为最佳的口碑谈论者。只要他们对你的产品感到满意，就会把这份新鲜的首次体验告知身边的亲戚、朋友、同事等所有遇到的熟人。这种兴致往往过了一周才会淡下来。即便他们没有转化为你的忠实客户，也能替你扩大口碑传播范围。从这个意义上来看，他们在短期内的传播力可能超过了真正忠于品牌的老客户。

所以，企业在做口碑营销时，应该关注各类口碑谈论者，而不能局限于已经成为粉丝的老客户。先入为主只会让你的视野变得狭窄，忽略其他可以帮你传播口碑的重要角色。对于那些首次接触公司产品和服务的新顾客，更是要拿出可圈可点的表现去征服他们，让他们乐于分享关于你的好评。

同时，口碑营销团队应该建立一个重要口碑谈论者资料库，多多观察那些真正的口碑谈论者，以便找出最给力的“友军”。

专家视角

你的口碑谈论者通常是显而易见的。他们是感到称心如意的顾客，急于向朋友表达喜悦和兴奋之情。各行各业都有积极发表评论的核心顾客群。有些口碑谈论者是性格外向的顾客，他们常常对自己喜欢的东西喋喋不休。有些是不那么主动的顾客，但是他们经常被人请教意见。但是，口碑谈论者中的非顾客可能更多。他们可能是永远不会购买你的产品的超级粉丝。

——安迪·赛诺维兹

法则四：虚假信息是口碑营销的坟墓

要点提示

1. 虚假信息会让企业形象和产品口碑一落千丈；
2. 口碑营销团队应该反对一切形式的暗中操作和欺骗行为。

口碑营销≠浑水摸鱼

有不少商家采取过一种投机取巧的营销办法：让销售人员隐身潜入各个网络社区，冒充热心的普通消费者来吹捧自己公司的产品，企图以虚假的口碑说动其他消费者做出购买的决定。他们不是发帖子给自家产品写“表扬信”，就是写长篇檄文来声讨同类产品。总之，他们的目的是把别人的声誉踩下去，把自家的好评刷上来。

在论坛、贴吧、博客为主导的时代，这种伎俩还能起到一定的混淆视听的作用。可是到了“人人都是自媒体”的今天，用户的话语权越来越难以操控，谁也说不准口碑舆论的走向会演变成什么样子。许多热心网友（尤其是各行各业的专业人士）纷纷分析和总结各种鉴别“僵尸粉”“水军”“营销号”的技巧，让广大消费者变得越来越精明，不再轻易被忽悠。那种靠冒充热心消费者来制造虚假口碑的花招，往往不到一天就会被人察觉，从而引发舆论的整体反转。

如此一来，好口碑没做成，反而落下坏名声，成为业界的笑柄。

故而安迪·赛诺维兹教授痛斥道："我要特别强调，虚假陈述、欺骗欺诈，及任何试图操纵消费者或控制口碑交谈的行为，都是道德败坏的行为。而且，长此以往，也是不可能得逞的。诚实的营销者现在不会这么做，将来也不会这么做。不诚实的营销者要是这么做的话，会被抓住。肮脏的行为早晚会被公开曝光，受到公众的谴责。"

案例研究

在2008年初，国内数十家主流汽车网络社区爆出了"××××汽车发动机入选英国权威汽车网站Carnews，被评选为英国2008年某级别最佳发动机"的新闻。这个新闻有网站截屏图片以及网址，网友们顺着网址登录后的确看到了相关内容。据称，这个奖项好比是发动机行业里的奥斯卡奖。××××汽车发动机能够获此殊荣无异于我国汽车行业的一个重大突破。一时间，国内的很多网友热情转载相关新闻，并纷纷表示祝贺。

谁知，过了不到半天时间，马上就有记者指出这个新闻是假消息。原来，所谓英国权威汽车网站Carnews，其实是该发动机品牌代理商的营销人员私自注册的冒牌网站，只是为了让大家查询消息来源时信以为真。××××汽车发动机在国外获奖的新闻也是精心策划的骗局，代理商还派人以"网友"的身份在各汽车论坛疯狂转发这则假消息。

最后，喜爱汽车的网友们纷纷声讨该公司弄虚作假的恶劣行为，那些之前为这则新闻叫好的网友觉得自己受到了欺骗，批评的措辞更加口不择言。因此，××××汽车发动机的声誉一落千丈，这场妄图以伪造的"国际牌"来吸引消费者的营销活动彻底失败。

口碑就是社会影响力

口碑说到底就是一种社会影响力。社会影响力大的东西无论本身好不好，都会把那些社会影响力小的东西排挤出我们的视野。所以，有些缺乏职业道德的营销人员妄图剑走偏锋，通过捏造虚假信息来树立口碑，以此误导消费者多花冤枉钱。

在上述案例中，代理商营销团队最大的错误就是低估了消费者和媒体的智商。如今的自媒体非常普及，其中不乏各行各业的专业人士。大家有了更多的信息来源来判断各种信息的可靠性。盲信盲从者固然很多，但头脑清醒的人也不少。他们单个人的社会影响力很小，但社交媒体的聚焦效应放大了他们的影响力。所以头脑清醒的人群往往能以辟谣的方式造成舆论反转（甚至舆论再三反转），这让伪造口碑者的生存空间越来越小。

也许，某些商家的社会影响力大，更容易形成主导舆论的口碑。但这并不意味着消费者还像过去那样是“沉默的大多数”。他们可能人微言轻，但谁也料不到哪个无名小卒的哪句话、哪张图片、哪段视频会突然成为引爆舆论的导火线。许多知名企业与知名人士，只是因为一点负面信息就很快被汹涌的舆论压得喘不过气来，从而造成难以估量的经济损失与精神打击。

当前，品牌及企业之间的竞争已变成一种社会影响力的角逐，而口碑就形成于各方影响力的角逐过程之中。

只有诚实守信的商家，才能在不断反转的舆论风口上站稳脚跟，得到越来越多人的信赖。这些商家由于经受住了考验而获得比过去更高的赞誉，进而吸引大量新的支持者。说到底，只有敬畏口碑的力量，才能用好这股力量。

专家视角

诚实的营销人员反对一切形式的暗中操作和欺骗行为。口碑营销要倾听消费者的声音，暗中操作的营销是在骗人。向顾客撒谎，不可能真正赢得优质顾客。假如你正在做暗中操作和欺诈的营销，最终一定会暴露。今天的消费者非常精明，他们能够独立思考，靠信息和资源识破你的谎言，并且转告大家。消费者发出的声音影响很大，能够使那些不诚实的公司付出惨重代价。

——安迪·赛诺维兹

法则五：口碑营销能带来红利，也能带来“地狱”

要点提示

1. 口碑营销不是百试百灵的仙丹，需要根据具体市场情况灵活应用；
2. 口碑营销如果处理不当，很可能会让企业陷入很大的麻烦。

正面口碑与负面口碑

从理论上说，口碑营销学的目标是制造好口碑，而好口碑的源头是好产品与好服务。假如缺乏这个基础中的基础，企业再怎么努力也产生不了正面口碑，甚至可能得到负面口碑。

本书提到的“口碑”，也可以理解为商誉。商誉是一种非常重要的无形资产，它决定了消费者是否愿意购买你的产品，其他商家是否愿意跟你开展合作，银行是否批准你的贷款。有不少知名企业因为一两件丑闻而导致销售一落千丈，甚至退出历史舞台，这就是丧失商誉的恶果，也体现出负面口碑的强大杀伤力。

并不是只要做口碑营销就一定会有好结果。好口碑能带来红利，让产品一炮走红，使企业的知名度与销售额都被带动起来。而坏口碑会产生破坏力，产品滞销不说，光是扭转负面舆论就要砸很多公关经费。

所以，我们在做口碑营销时应当兼顾利弊，不能“只见狼吃肉而不见狼挨打”。一定要在执行方案前考虑清楚，这样做会不会弄巧成拙，导致公司产生负面口碑。

案例研究

2015年6月25日，神州专车发布了新的宣传海报，主题是“Beat U！我怕黑专车！”矛头直指竞争对手Uber（优步）。“毒驾，酒驾，罪驾！1%的风险，100%的伤害。别让自己，成为黑车司机的马路游戏。”这句广告文案也在暗示Uber打车软件存在严重的黑车现象，安全系数很低。然而，让神州专车十分意外的是，社交平台上的大多数网友都站在了神州专车的对立面，一时之间“抵制神州专车”的口号传遍互联网。

更糟糕的是，Uber北京官方微博利用神州专车海报中的错字“怪蜀黎”发起了一个猜字谜游戏，反而把“怪蜀黎”炒成了新的网络流行语，比如警察大V也开始自称“警察蜀黍”。正当神州专车公关团队束手无策时，Uber放出了主题为“世界需要爱，be with u！”的文案，把咄咄逼人的“Beat U”文案彻底比了下去。

神州专车重金打造的热门话题反而把自己的消费群体推到了对手那边，无论从哪个角度看都称得上是“偷鸡不成蚀把米”。这种通过贬损对方来抬高自己的方法太下作，令广大用户非常不齿，所以他们才纷纷“抵制神州专车”。另一方面，Uber新媒体营销团队以柔克刚、借力打力的公关技巧非常值得学习，他们不直接和咄咄逼人的挑战者对骂，而是用更加正能量的文字来表达自己的优点。这种品牌宣传手段更容易让人们接受，获得成功也在情理之中。

智者之虑，杂于利害

这个世界上也许有一本万利的事，但福兮祸所伏，看似一本万利的东西必然伴随着相应的风险。聪明人考虑问题时要兼顾利害。把利益考虑清楚了，才知道这件事有什么值得你投入的价值；把隐患考虑清楚了，你才能有效规避风险，并获得高风险背后的高回报。

口碑营销的原理是利用互联网的聚焦效应把舆论影响放大，让你想传播的信息呈裂变式扩散。可是，聚焦效应不会自动识别和剔除对你不利的信息而只传播对你有利的信息。只要某个信息触发了大众的某个关注焦点，它就会一视同仁地把影响扩大化，而不以你的个人意志为转移。

舆论反响可能没有你预期的那么好，甚至跟你的初衷相违背，这是口碑营销最大的风险。它能给你带来的影响的绝对值会非常大，但是福是祸就说不定了。

只有把口碑营销的益处与风险都看清楚，企业营销团队才能用好这个商业工具，而不被这个商业工具耍得团团转，甚至摔个大跟头。为此，口碑营销团队一定要牢记一点：我们只能努力去影响口碑，而无法成为完美的舆论操控者。不要幻想自己能用小聪明把广大消费者耍得团团转。消费者中虽然有不够精明的人，却又藏龙卧虎，足以用口碑的反作用力把那些不尊重消费者的商家推向危机的边缘。

这条法则也许是口碑营销法则中最重要的一条。它能打消企业的幻想，使企业踏踏实实地搞好口碑，不至于沦为玩火自焚的笑柄。

专家视角

口碑营销绝不是所谓隐身营销，即隐身潜入人群，或冒用其他身份（如营销人员假冒普通消费者促销产品）。口碑营销不应该以虚假的身份登录进入聊天室，不应该在网上发布假造的表扬帖子，也不应该让员工冒充热心粉丝进出相关场所。

——安迪·赛诺维兹

第二章

宣传工具：平台选不对，口碑听不到

信息的传递并不是一帆风顺的，如果没有合适的宣传平台，消费者可能永远都不知道世界上有让自己心动的新产品。产品销售需要渠道，口碑传播需要平台。相对于传统的广告宣传模式，口碑营销的传播方式更为灵活多变，而且具有鲜明的移动互联网时代特征。需要注意的是，不同的宣传工具有不同的功能属性，传递信息的效果也具有很大区别。

口碑营销的“主要战场”与“次要战场”

要点提示

1. 不同的传播渠道对口碑营销的影响存在很大的差异；

2. 如果选择不恰当的信息发布渠道，口碑影响力将会大打折扣。

口碑的线下传播与线上传播

信息传递的效率往往跟传播途径有关，选对合适的宣传平台，才能达到事半功倍的效果。

一般来说，口碑的传播可以分为线上传播与线下传播两大类型。互联网平台上的传播是线上传播，而线下传播指的是生活中的口口相传。在互联网时代，我们大部分的日常交流都发生在互联网上。按照经常的直觉来判断，产品口碑主要来自线上传播，线下传播的效果可以忽略不计。然而，这是一个错觉。

为此，安迪·赛诺维兹教授分析道：“80%的口碑传播发生于网下，所以你应该集中关注出现于现实生活中的口碑谈论者和口碑话题，并且参与那里的交谈。互联网是沟通交流的发动机，可以使信息传递得更快更广。请注意，口碑话题可能始于互联网，但并不一定局限于互联网。”

从这段话中不难看出，口碑营销中的“口碑”更多来自于现实生活。它并不是消费者凭空发起的聊天话题，而是消费者对产品服务的实际感受。互联网上的一切热议都是对现实生活的投射。况且，网络上讨论的热火朝天的话题往往是八卦娱乐新闻，传统媒体刊登的重要消息可能在互联网上风平浪静。这种信息过滤现象会误导过于依赖线上传播的口碑营销者。

不过换个角度来看，线上传播可以把线下传播的内容扩散到更大的范围，任何企业都不能忽视这个举足轻重的宣传“阵地”。

案例研究

这些年来，杜蕾斯在新媒体营销领域投入的力量不亚于传统营销渠道，其口碑形象更多是靠各类新媒体平台实现的。例如，小杜杜运营团队经常妙语连珠地回复微博用户的调侃，借此把官方微博打造成了一个富有个性的形象。

比如，有一次，有网友发布微博说：“韩寒新书《私》中提及送给未来十八岁女儿的一句话——套好安全带，带好安全套。韩少真是语不惊人死不休哇！”小杜杜运营团队发现后，立即评论并转发道：“所谓安全第一，韩少作为赛车手深谙此道啊。”这个点评巧妙地把杜蕾斯产品的特点与名人话题结合，很快引起了网友的广泛共鸣。很多不是杜蕾斯产品用户的网友也参与了这次话题传播。

主次相辅相成，多点开花

80%的口碑传播发生于网下的现实生活中，但其广泛传播更多是出现在社交媒体上。尽管美国口碑营销研究者认为只有7%的口口相传发生在网上，但这是国外几年前的情况，与中国现在的市场环境不同。因为美国研究者的依据是人们每天的上网时间平均只有大约两个小时，而现在你和你身边的朋友每天在PC端互联网和移动互联网上花费的时间恐怕不止八个小时。

这个差异足以表明，社交媒体平台才是口碑营销的“主要战场”，而线下活动是配合“主要场战”活动的“次要战场”。两个阵地之间要有侧重点，但不可偏废。如果放弃“主要战场”，有关公司的信息将会被把微博、微信等社交媒体作为主要消息来源的广大消费者屏蔽在显示屏之外。如果放弃“次要战场”的话，消费者会觉得企业务虚不务实，只会在线上吹牛皮，而舍不得动真格给优惠。

事实证明，口碑营销做得好的公司，无不是线上线下一体化。

以小米公司的口碑营销传播渠道为例，其社会化媒体运营主要有四个核心通道：小米论坛、微博、微信、QQ空间。其中小米论坛负责凝聚核心用户，QQ和微博拥有较强的社交媒体属性，微信则有较强的服务属性。由于各种互联网媒介的性能特点存在差异，小米口碑营销团队在不同平台采取了不同的经营方针，通过多渠道结合的办法来完成推广信息、凝聚粉丝等目标。此外，小米还在线下建设小米之家服务体验旗舰店，把线上的粉丝拉到线下体验服务，又把线下的顾客转化为线上的粉丝。

总之，口碑营销的阵地很多，工具也不少，只有将它们组合起来，才能最大限度地促进口碑传播。

专家视角

如今，互联网的设计越来越迎合这些自然倾向。例如，人们看到一个新的自行车共享计划，或是找到了一个教孩子们解答复杂代数题的视频，他们很可能会点击分享按钮，或是将链接粘贴到邮件中转发出去。各大新闻或娱乐网站则更进一步，它们会通过记录转发频率最高的内容，列出过去一天、一周或一个月内观看或分享最多的视频、文章以及其他内容。

——乔纳·伯杰

微博：引爆口碑影响力的绝佳平台

要点提示

1. 微博的特性非常适合做“病毒式传播”；
2. 官方微博的个性形象在一定程度上代表着企业品牌的整体形象。

微博：热议话题爆发地

微博的兴起在互联网发展进程中是一件大事。它大大冲击了论坛、博客、QQ空间、贴吧等传统互联网平台，成为网络社交活动的主战场。这与微博自身的特点有关。

微博最初只能发140个字，可以上传图片和视频。许多网友用智能手机拍照片然后发到微博上，再配上一段话，短短几秒就造出了一条新闻快讯。因此，传统新闻媒体赖以生存的“时效性”被颠覆，新闻记者跑得再快，发出消息的时间也晚于只需动几下手指的现场目击者。这种便捷的产品功能让微博刚问世就带有强烈的媒体属性，让每一位用户变成了一个“自媒体”。

无论你的年龄、性别、学历、身份如何，都可以在微博上简短地表达自己的信息。由于微博字数限制比较严格，只能发出碎片化的信息（长微博工具和头条文章功能是后来添加的，也不是微博的主要功能），但发微博非常方便，随时随地可以记录你身边的点点滴滴。于是，人们制造、阅读和传播信息的方式发生了翻天覆地的变化。

碎片化信息带来了碎片化阅读习惯，而碎片化阅读习惯带来了碎片化的表达方式。在微博这个平台上，人们很难用长篇大论完整地表达自己的理性观点，更多时候是以140字以内的只言片语来表达情绪化观点。这使得微博成了调动大众情绪的最佳平台，任何小事都有可能被微博放大成热议话题。

在已知的互联网平台中，微博的信息传播能力最强。所以企业做口碑营销时，绝对不能忽视这个有力的武器。

案例研究

《博物》杂志的官方微博@博物杂志，被广大网友亲切地称呼为“博物君”。这个营销号在其粉丝数量不到220万时，仅仅一上午就能收到未读的“5243条评论、3289位新粉丝、5321条@我的微博、241条@我的评论”。现在@博物杂志的粉丝数高达535万，但这并不等同于实际购买《博物》杂志的消费者有500多万。因为大部分关注博物君的互联网用户并不是因为喜欢这个杂志，而是喜欢看博物君每天发送的各种生物知识。@博物杂志就是凭借这一点，让自己在新浪微博的科普领域中占据了一席之地。

@博物杂志的日常运营内容并不是推销《博物》杂志，而是选择网友关于动植物方面的疑问进行解答。通过这种方式来扩大这个营销号的影响力。

比如，网友@紫樱花落三分春意的朋友曾经在海边捞到一条鱼，在微博上询问这是什么鱼。有人将这个问题转发给@博物杂志。@博物杂志讲解道：“文鳐鱼，也就是飞鱼。养是养不了，不过可以吃，比如像《舌尖》（指美食系列专题片《舌尖上的中国》）里台湾人的做法：让阳光以最明亮最透彻的方式，与鲜嫩的鱼肉交流，这是人与上天和大海的约定。通俗地说就是晒鱼干。”

@博物杂志的运营者张辰亮感慨道：“网上很多人的科学素养和阅读能力都很低，你不但要准备好知识，还要喂到嘴边。”为此，他总结出了三条回复技巧：1. 多用大白话讲解，避免使用专业名词；2. 回复的内容要能让读者在生活中用得上，甚至拿去吹牛；3. 并不刻意喊口号，但要说得能让大家自觉意识到应该怎样去做。

这个运营策略让@博物杂志在新浪微博平台上迅速走红，《博物》杂志的月发行量也从过去的数万册一下子上涨到22万册。

应当避免的官方微博运营误区

有的企业跟风注册了官方微博，但对此并不太重视，只是将其作为推送产品信息的平台，而没把它当成制造口碑的策源地。由于这个认识误区，不少商家对官方微博的使用存在两个盲点：

第一，随便打发一个不重要的人做官方微博运营者。

新媒体的运营，特别是微博的运营，与传统媒体的运作方式有很大区别。许多传统媒体出身的资深媒体人，未必比一个非传媒专业出身的草根玩自媒体玩得熟练。就实而论，微博运营技巧已经有很多人在研究和总结，但还远远没有形成像传统媒体的新闻传播学那么系统而成熟的理论。

换言之，大家都在摸索过程中，只有那些熟悉新媒体又富有营销头脑的复合型人才，才能玩转新媒体营销，为企业打出好口碑。然而，很多企业不重视微博平台，没有配备优秀人才去运营微博，导致一些素质低下的运营者与粉丝发生冲突，甚至给公司带来负面的舆论压力。

第二，采用简单粗暴的KPI考核来管理微博运营团队。

销售讲究真刀真枪的实际业绩，卖出多少产品，开发多少客户资源，论功行赏，清清楚楚。但用新媒体做口碑营销不同，粉丝的增长需要一定的主客观条件，不是你想涨就能涨的。而且粉丝转化为真正的买家，也存在很多技术问题。更重要的是，口碑是一种无形资产，不能简单地以粉丝数、评论数、转发数、点赞数来考核，对销售业绩的带动作用也很难精确估量。这就需要企业转变观念，不能以简单的功利主义眼光看待口碑营销，否则会让你欲速则不达。

专家视角

网上充斥了太多的内容，无数的网站、博客和视频，都要从中筛选。单就新闻而言，最著名的几十家媒体每时每刻都在更新内容。在这浩瀚的信息海洋中，人们根本没有时间自己搜索出最佳内容。所以，他们会先查看别人分享了什么。

——乔纳·伯杰

微信朋友圈：构建强关系社交的首选渠道

要点提示

1. 口碑营销需要企业与用户进行强关系社交；

2. 微信朋友圈利于企业深度发掘用户需求和精准推送营销内容。

微信：打通线上线下的最佳道具

论坛和微博上的网友大多数都是素未谋面的陌生人，他们凭着共同的爱好维持着交流，可能在现实生活中不会见面。微信与这些社交媒体的情况恰好相反，更多的是用来联系现实生活中认识的人。因此，微信朋友圈成员基本上是亲戚、同学、同事之类的熟人，或者是与你有实际利害关系的人。

对于不少用户来说，微信朋友圈是一个尴尬的互联网平台。在其他网络平台上，你可以无所顾忌地表达自己的真实想法，即便得罪了多年的网友，其代价也不过是把一个与自己在现实中毫无瓜葛的人拉入黑名单而已，对线下生活几乎没什么影响。但微信朋友圈里都是低头不见抬头见的熟人，你说话做事不得不小心谨慎，避免与他人交恶。

可是，这也证明了一个事实——微信适合开展强关系社交，让你的生活圈与微信朋友圈合二为一。口碑营销恰恰需要这种感情联络更深入的人际关系。

案例研究

如今的企业纷纷向微信营销领域进军，但不少公司没能看清楚微信朋友圈的本质是建立强关系，所以用尽办法也没能与用户粉丝建立亲密的关系，未能树立良好的口碑。在这个问题上，杜蕾斯的微信营销做出了自己的特色。

杜蕾斯在运营微信公众号时依然保持着官方微博“小杜杜”的亲民风格。有传闻说杜蕾斯的新媒体营销团队拥有8人陪聊小组，这并不是事实。当然，杜蕾斯的确会安排不同的人专门在不同的时间段回复用户咨询。公司总结了200多条标准化的回复内容，可以帮助运营者根据用户的提问方向做针对性的解答。

杜蕾斯的微信公众号“小杜杜”在朋友圈迅速走红源于一次免费福利活动。

2012年12月11日，“小杜杜”在微信上发出活动公告说：“杜杜已经在后台随机抽中了十位幸运儿，每人将获得新上市的魔法装一份。今晚十点之前，还会送出十份魔法装！如果你是杜杜的老朋友，请回复‘我要福利’，杜杜将会继续选出十位幸运儿，敬请期待明天的中奖名单！”

新上市的魔法装奖品只有10盒，但仅仅过了两小时，就有数万人在杜蕾斯微信公众号下回复“我要福利”。10盒套装换来几万粉丝，这就是微信朋友圈转发带来的影响力。

应当避免的微信朋友圈运营误区

微信朋友圈是一个强关系社交平台，相对于微博的传播效率比较弱，传播范围也不那么广。但微信的强项是精准推送，粉丝转化为产品用户的效率远远超过微博。而且微信的互动主要是熟人之间的互动，而微博的互动主要是陌生人之间的互动。这个差异使得微信营销运营不当时，对老客户的伤害更大。

如今许多网友都在抱怨朋友圈里天天都能看到自己不想看到的内容，退群或拉黑又怕得罪现实中有交集的熟人（以陌生人社交为主的微博则不太担心这一点），只好用信息屏蔽功能屏蔽朋友圈消息。这样一来，无论是谁在朋友圈里发东西，他们都看不见。只要这道精准推送的门一关上，一切都前功尽弃了。

为此，微信营销运营团队要注意避免以下问题：

第一，不要直接用广告轰炸，那样会让对方第一时间把你踢出朋友圈。

对于很多人来说，微信朋友圈是熟人之间说私房话的平台。他们只想在这里轻松地聊一些感兴趣的话题，远离工作生活中遇到的杂事。谁打扰他们清静，他们就屏蔽或拉黑谁。因此，在朋友圈里打广告是微信用户公认的第一反感的事。

第二，不要用大家不感兴趣的陈词滥调刷屏。

很多人喜欢在微信里转发别处看到的心灵鸡汤文或者带有强烈感情色彩的惊悚消息。对于中老年用户来说，这些内容可能有点意思；但对于上网多年的年轻用户来说，这些内容跟熬过三次汤的汤料一样没有味道，已经看腻了。因此，微信营销运营者应该适当发一些有趣而新颖的内容。

总之，微信朋友圈营销的关键是不要让老朋友对你感到厌烦。尽量搞清楚他们不想看到什么，想看到什么，顺着他们的喜好来实现精准推送，这样才能把口碑做好。

专家视角

首选的也是最重要的创造口碑的工具，既简单又明显，那就是诚恳地请求。大多数人只是在你请求他们时才会谈论。所以，要经常请求，到处请求。促使口碑流传的挑战，并不完全在于找到谈论者；而更要看能否引发谈论的行动。实际情况通常都是，你暗含恭维地请求顾客帮帮忙，他们也就顺理成章地成为口碑谈论者了。请记住，请求口碑谈论者将你的话语传播开去，这相当于授予他们一种身份，令他们成为内部人士。

——安迪·赛诺维兹

微信公众号：分享干货，传播口碑

要点提示

1. 微信公众号已经成为分享知识与新闻的重要渠道；
2. 经营好微信公众号可以吸引更多非产品用户成为企业的粉丝。

订阅公众号与内容营销

新媒体时代催生了消费者的碎片化阅读方式，这对传统的纸质书造成了极大的冲击。也许是受到这种新方式的影响，那种通过阅读大量书籍来增长知识的做法渐渐变得小众化。大多数人有兴趣每天浏览累计30万字的碎片化信息，却不愿意静下心来读一本15万字的书。他们并非都厌恶学习，只是更喜欢别人直接给出简单明快的答案，省却自己动脑动手之苦。微信公众号的兴起，与这种风气不无关系。

每一天，你打开微信朋友圈，就会看到别人转发的微信公众号上的文章。无论这些文章多么的不靠谱，朋友圈里总有人深信不疑并热情地转发。当你打开微博时又发现，许多来自微信公众号的长篇大论（通常是几千到一万字的篇幅）被微博推送到你的首页上。

之所以出现这种局面，主要是因为微信公众号非常适合作为分享内容的平台。无论是原创文字还是转载图文，都会被精准地推送到你的微信朋友圈，然后被感兴趣的人用“分享”按钮一键转发到其他的微信群、朋友圈或者微博上。那些已经养成碎片化阅读习惯的用户，最喜欢这种便于在智能手机或PC端浏览的公众号文章。他们能从里面看到很多有趣的故事，并学到一些知识。

因此，把各种各样的知识掰成便于浅阅读的碎片化信息的组合，让广大用户将订阅公众号视为主要知识来源，这便是内容营销的思路。而各个企业的微信公众号就是通过内容营销形成自己的个性品牌形象，扩大其口碑影响力，以便带动其他营销活动。

案例研究

根据清博指数在2016年11月5日的统计，企业微信公众号中的“手机（生产商排行）榜”的冠军再次被小米科技公司的公众号“小米公司”夺得。两篇文章为公众号轻松获取20万以上的阅读量和963点赞总量，以1253的WCI值（即微信传播指数，根据微信原始数据和一系列复杂严谨计算公式推导而得）力压其他手机商公众号。仅仅是一篇名为《手机并不重要，重要的是你爱的人！》的头条文章就赢得了10万以上的阅读量。

《手机并不重要，重要的是你爱的人！》是介绍小米MIX全面屏概念手机的产品推荐文，里面插播了关于世界著名设计大师法国人菲利普·斯塔克的专访。因为小米MIX是菲利普·斯塔克大师设计的第一款手机产品。

菲利普·斯塔克在专访中说：“（小米）MIX代表了我所有的理念。MIX的美在于它少得不能再少。我们已经接近去物质化最完美的状态，什么都更少，更少重量、更少材料、更少按键，每一样都更少。有趣的是，我们爱的并不是我们的手机，而是与我们通话的人。所以我们努力做出市面上最大的屏幕，没有边框，来显示我所爱的人的最大影像。我们走向一个美丽的‘无’，越是‘无’，越是美。未来无关设计，无关产品。我们继续努力，去成为真正美的东西。也许有一天，100年、200年后，谁知道呢？我们的后代会说：‘我们做到了，我们为我们祖辈所做的感到骄傲。’”

这篇营销文借菲利普·斯塔克大师的视频传达产品设计理念，强调产品的艺术美感，然后话锋一转，指出小米的ID设计师、工程师围绕大师的设计所付出的努力，讲解小米MIX产品怎样通过“干掉”听筒、距离感应器、前置相机来实现全面屏的极致视觉体验。当小米公司在微信公众号发出《手机并不重要，重要的是你爱的人！》一文后，“艺术品般工艺的背后，是对科技了不起的探索”的宣传语很快扩散开来，帮助小米公众号赢得了本周微信营销手机榜的冠军。

运营公众号，定位和干货最重要

信息爆炸的时代，优质内容供应已经成了一门生意。社交媒体上充斥着大量水平参差不齐的公众号文章，吸引着不同类型的读者群体。在各花入各眼的同时，读者群里还存在歧视。文艺小清新看不起主旋律的“假大空”，理中客（指理性、中立、客观）看不起文艺小清新的“傻白甜”，“吃瓜群众”看不惯理中客高高在上地装模作样。抛开谁是谁非的问题，大家都在相互贴标签，都认为自己的“格调”（网上称“逼格”）比对方高。

如今是价值观多元化的时代，人民群众的需求也呈现出多元化趋势。只要定位好自己的细分市场，针对特定目标受众群体的喜好来制作内容，总能找到足够多的人为你埋单。这个细分市场下的目标受众群体，是商家的“基本盘”。只要“基本盘”不丢，其他群体对你意见再大，也不会导致你的财源萎缩。

为什么一些营销号经常故意发表有争议的奇谈谬论却能屹立不倒？主要是因为它们的“基本盘”喜欢相关内容，营销号只要极力讨好它们的

“衣食父母”，就能活得很滋润。

当然，要赢得自己的“基本盘”的支持，关键是得有“料”。用互联网上的说法，就是得有“干货”。

“干货”指的是实用性、知识性、思想性较强的内容。其实，能做出真正的干货的人还是不多的，但只要看起来有干货的范，就能吸引一大批读者点赞。不过，内容被转发多了，总有真正的行家会挑出毛病来。所以，公众号运营者还是应该不断学习，完善知识结构，提高认识水平，加强把知识打碎并讲透的能力。唯有如此，才能满足其受众不断增长的欣赏水平和挑剔的胃口。

专家视角

人们分享事物可能有两个原：一是有趣，二是有用。……有趣的事物让人感到愉快，可以让分享之人脸上有光。……分享有用信息可以帮助他人，也会让分享之人脸上有光……最有趣的文章成为最常被转发的文章的概率会比一般文章高出25%，而最有用的文章则会高出30%。

——乔纳·伯杰

APP应用：信息传播的特殊渠道

要点提示

1. “游戏机制”对口碑营销有着不可估量的重要意义；
2. 开发APP应用也是扩大口碑影响力的一种有效手段。

游戏机制与口碑传播

企业做口碑营销时，不应该忽略游戏的力量。普通的抽奖活动对消费者的吸引力一般比较有限。因为大家觉得狼多肉少，自己很难得到奖品，参与了也只是给别人当背景板。假如是带有游戏性质的营销活动，无论企业是否提供物质奖励，产品用户以及非产品用户的消费者可能都会跃跃欲试。原因无他，有趣、好玩，仅此而已。

假如世界上不再有游戏（包括网络游戏、单机游戏和与电子设备无关的户外游戏），人类的生活将是枯燥而单调的。

这是因为：玩游戏可以消遣无聊的时间，让你产生日子过得很有趣味感；玩游戏可以让你找到自己潜在的才能，哪怕你在现实世界中混得很糟糕，在游戏世界未必不能做个让人羡慕的“大神”；玩游戏还能影响社交，让你找到许多平时遇不到的意气相投的朋友。

游戏的力量很惊人，它能给你带来物质奖励所不具备的精神满足感。简单的游戏，比如“连连看”就有“办公室杀手”之称。规则很简单，说起来也没多少可聊的内容，但就是能吸引很多人在不知不觉中消耗大量时间。其他游戏也是如此，能最大限度地激发人们的兴趣。即使你知道玩游戏不能得到奖金（职业游戏人除外），也会心甘情愿地往里面砸钱，不惜投入大量时间和精力。一切只是为了内心的愉悦。

美国口碑传播学家乔纳·伯杰教授很早就注意到了这一点。他认为优秀的游戏机制可以从内部激发人们的兴趣，让他们乐此不疲地参与到某个活动中。如果设计一个能量化众人表现的游戏机制，大家就会为了表现自己而踊跃报名，并且在事后还会炫耀自己的成就感。在这个参与和炫耀的过程中，口碑已经在不知不觉中四处扩散，并深入到每一位游戏参与者的内心。

案例研究

瑞典著名家具卖场宜家（IKEA）推出了一款名为《IKEA Now》的APP应用软件。当你用智能手机下载这款应用后，可以在APP上“设计自己的家”。消费者可以在该应用上选择卧室、客厅、厨房或者书房，然后按照自己的兴趣爱好在APP上的虚拟房间中摆放宜家的家具。

尽管只是虚拟的房间布置游戏，但许多手机用户乐此不疲。他们不一定都是宜家家具的消费者，但亲手设计自己的家却是大部分人的兴趣点。在现实中，大家受制于财力、时间、人力等因素，无法把房间完全布置成自己最喜欢的个性化风格。但在宜家的APP应用中，我们只需轻轻点击、滑动手指，就能轻松创建出五花八门的自定义家具布局。此外，宜家还通过投票的方式鼓励大家支持自己最喜欢的布局，然后对那些创意优秀的布局者进行奖励。

宜家并不是一家互联网公司，做的是以线下发展为主的实体生意。电子商务非其所长，也不是其主攻方向。但很多消费者缺少时间在线下充分体验宜家的家居产品，于是宜家营销团队想到了手机APP应用这种特殊的营销工具。

消费者可以在手机上通过虚拟的家具布局场景来了解宜家的最新产品，并轻松地完成一部分产品体验。尽管他们还没接触到真正的家具，但在用APP设计好自己心中理想的家居布局后，消费者也就大致清楚自己需要预定什么样的产品了。这种利用APP的个性化定制营销来扩大品牌影响力的策略，进一步提升了宜家的口碑，并且一举打通了会员营销、产品体验与服务体系。

游戏机制是一种“社交货币”

为什么游戏对信息传播的影响力那么大呢？这是因为游戏机制正是传播力六要素中“社交货币”的一种体现。

为此，乔纳·伯杰教授指出：“游戏机制可以从内部激发人们的兴趣。我们都喜欢有成就感，喜欢能够切实证明我们进步的证据，比如解开了一个很难的个人跳棋游戏，或是数独又升了一级，会让我们感觉良好。所以，游戏制造商会激励我们继续努力，尤其是在我们马上就要攻克难关时。人们关心的不仅仅是自己做得怎么样，还在乎和别人比自己的成绩如何。游戏机制是一种‘社交货币’，因为玩得好可以为我们增光。人们谈论游戏，是因为想要炫耀自己的成就，但与此同时他们也谈论了品牌以及他们获得成就的领域。”

大家喜欢用APP小游戏来调剂生活，正是因为游戏不仅有趣，还能分出个高低，让人们可以炫耀自己的能力。这会使得游戏参与者更乐于分享关于游戏的一切，包括隐藏在其中的营销信息。

想要利用好游戏机制，关键是量化参与者的表现，让他们很清楚地看到自己的表现如何，以及和其他参与者的差距。产品或创意本身不能反映出这个结果，所以才要借助游戏的形式。

商家可以在自己开发的APP小游戏中以图表的方式制作排行榜，让参与游戏的消费者对自己的成绩一目了然。最好能以鲜明的字体和图样表明他们为游戏做出的贡献，这样才能更好地激发他们的参与兴趣。

专家视角

软件行业已经将客户实际使用测试（Beta Tests）发展成为大规模的口碑活动。原先，用户使用测试是为了从真实使用者那里发现产品缺陷。而现在，这一做法的规模是如此宏大，口碑的作用也同样重要了。数以百万计的人使用测试了新版本的Windows和Microsoft Office。每位测试者都成了参与研发的内幕人士，他们激情高涨，希望新的操作平台能够获得成功。而参与了研发产品的人，一般也就不会批评这个产品了。

——安迪·赛诺维兹

第三章

共鸣原理：好口碑坏口碑，取决于消费者的情绪

口碑营销能以星星之火产生燎原之势，主要是抓住了消费者的某种情绪。消费者因营销信息而产生的正面情绪或负面情绪，会促使他们萌发强烈的分享愿望。同时，其他消费者也会形成共鸣，从而将个人情绪扩散为群体情绪。因此，口碑的力量归根结底就是群体情绪的力量。如果不能有效调动消费者的情绪，就不可能让营销信息实现裂变式传播。

顾客情绪是口碑传播的助推剂

要点提示

1. 口碑营销的本质是让产品信息形成裂变式传播；
2. 不能调动顾客情绪，口碑营销就是纸上谈兵。

裂变式传播与情绪的力量

核裂变的威力无人不知、无人不晓。假如产品信息的传播能像核裂变一样迅猛扩散，将形成令人惊叹的市场影响力。到那时，企业的销售业绩将取得更多突破。比如，这几年的“双十一”购物狂欢节已经成为企业与消费者共同关注的焦点，各大商家在此期间不断刷新销售纪录，让快递小哥们不得不加班加点地送堆积如山的快件。口碑营销追求的就是这种裂变式传播的效果，用口碑拉动消费，从而迅速提高公司的销售额。

实际上，某些产品的口碑之所以能形成裂变式传播，与顾客的情绪有密切的关系。

西方经济学曾经假设消费者是“理性人”，每个人都追求以最小代价获得最大利益，并以理性的方式进行消费。但实践反复证明，消费者往往是感性的。纵然有货比三家、讨价还价的行为，还是免不了冲动消费的结果。情绪的力量太过强大，会让人在不知不觉中忘却购物的初衷，高估产品的价值。比如，许多在“双十一”期间疯狂填满购物车的顾客，过后可能会后悔自己的冲动消费，并最终退货。

会做生意的人无不善于调动消费者的情绪，在设计产品时切合消费者的实际需求，在宣传、推广产品时寻找能够让他们感同身受的情绪点。

当顾客的某种情绪被营销内容成功调动时，他们通常会因为心理需求的满足而放宽经济利益上的要求。轻则能接受更高的产品价格，重则疯狂地做出冲动消费的决定。

案例研究

麦克尼尔消费者医疗保健公司是止痛药美林的生产商。为了赢得婴儿母亲这个目标客户群体，麦克尼尔公司在第一个国际抱婴周期间推出了一则广告。广告的内容是妈妈使用背带抱孩子时，后背、颈部、肩膀承受了更大的拉力，从而引发了疼痛。美林止痛药的广告语是“我们能感受到你的疼痛”。显然，麦克尼尔公司想表达的是自己理解婴儿母亲的疼痛，并可以提供美林止痛药来缓解她们的疼痛。

按理说，这则广告应该会引起妈妈们的共鸣。谁知结果恰恰相反，数千名妈妈很快在互联网上发起了抵制该公司的运动，博客与推特上的抗议文章比比皆是。

原来，这则广告在暗示：妈妈抱孩子是一种时尚宣言，不抱孩子的妈妈们沉溺于互联网社交媒体，看起来十分劳累和疯狂。这些潜台词让许多做母亲的消费者大为光火。有位消费者批评道：“孩子才不是什么时尚宣言，有这种想法真令人发指。”类似的抨击意见层出不穷。

没过多久，网友们发现用谷歌搜索“头痛”和“美林”两个关键词，在优先展现的10个搜索结果中，有7个与麦克尼尔消费者医疗保健公司的负面口碑有关。毫不夸张地说，婴儿母亲这个消费群体的不满情绪已经像核裂变一样不断扩张，给麦克尼尔公司造成了很大的舆论压力。过了一段时间后，麦克尼尔公司见负面影响依然无法消除，只好从官方网站上撤销这则广告，并以长篇致歉信的方式安抚那些消费者。

先拿下“情绪脑”

想要实现口碑的裂变式传播，不是一件容易的事。我们都知道“世界500强”，但并不会记得所有的“世界500强”，平时关注的品牌也很可能未进入“世界500强”。不是那些被忽略的公司没有砸钱做营销，而是因为他们在媒体上的影响力被更抢眼球的品牌信息给稀释掉了。

由此可见，在口碑营销竞争日益白热化的今天，实现裂变式传播是一项颇有挑战性的任务。所幸的是，社交媒体放大情绪的能力超过了传统网站或博客。因此，商家可以获得更多的口碑传播机会与社会影响力。

但想要做好口碑营销，就必须重视消费者的情绪。这股能量远比理性算计更强大、更持久，毕竟，人在大多数情况下都是感性动物。

根据科学家的研究成果显示，情绪是不受意识控制的本能反应，而且人类经过数百万年进化出来的大脑，天生就不容易做到用理智控制情绪。当信息通过感官传入大脑时，会分为两个路径输送到不同的脑部区域。这两个路径长短不同。短的那一条通向结构相对简单的脑部区域（即所谓的“情绪脑”），长的那一条则通向更为精密复杂的脑部区域（即所谓的“理智脑”）。

“情绪脑”适合做一些快速、简单的判断，“理智脑”则适合做需要深思熟虑的判断。当你认真思考某个事物的利弊时，就是在用“理智脑”做判断。由于神经传输路径短，“情绪脑”总是比“理智脑”先一步接收到信息，更快做出判断，并将指令传递给我们身体的各个部分。

口碑营销团队应该充分利用大脑的工作机制，先影响消费者的“情绪脑”，让他们迅速接受你暗示的营销信息。当他们冷静下来，开始用“理智脑”计算利弊时，会优先考虑你的产品。这将令你与竞争对手相比，拥有一定的优势。

专家视角

每一个成功品牌的诞生，都要经历两个阶段，首要是提供服务，更高层次是输出文化；一个是品类定位上的成功，是迈向品牌的奠基石，就如三只松鼠没有坚定做坚果品类就难有今天。跨过第一个阶段，才有可能进入第二个阶段，这是真正品牌的阶段。赋予品牌以灵魂与内在，让它有生命，并与用户情感产生更多的连接！

——三只松鼠首席品牌官　郭广宇

读懂口碑背后的消费者心理

要点提示

1. 每一个口碑的形成都能反映出消费者的某种心理；

2. 顺应消费者心理学，才能让他们产生传播品牌口碑的热情。

口碑是消费者心理的投射

什么是好产品？简单地说，物有所值就是好产品。使用价值与附加价值能够满足用户预期就是物有所值，这样的产品会赢得消费者的好口碑。具体地说，设计精巧、造型时尚、性能优良、质量可靠、经摔耐用、故障率低、便于保养等优点，只要占了其中几条就算是消费者眼中的好产品。不同的消费者在衡量产品好坏时的考察标准各异，给出的口碑也会存在微妙的差别。

顾客常有的消费心理主要有以下11种。

1. 求实心理——强调产品的实际使用价值

这是顾客最普遍的一种消费心理。当求实心理主导购买决策时，顾客会根据实用性指标来选购产品，至于产品的外形包装是否好看，就不在其考虑之列了。

2. 求美心理——追求产品的欣赏价值和艺术美感

这种消费心理驱使顾客在选购产品时高度重视产品的造型、色彩、制作工艺等美学元素，而产品的实用性与价格却往往被放在次要的位置。

3. 求新心理——追求产品的新奇和时尚

有的顾客喜新厌旧，喜欢追逐时尚前沿，即喜欢时髦而新潮的产品。如果产品缺乏流行元素，这些顾客就不会有兴趣讨论它。

4. 求利心理——重视产品的性价比

这种消费心理不能简单地理解为“贪小便宜”，因为绝大部分顾客都喜欢物美价廉的东西。假如产品的价格超出了承受范围，他们会觉得性价比不高。

5. 求名心理——追求名牌产品的荣耀感

这种消费心理与求利心理在某种程度上相反，更注重面子而不是性价比。这类顾客喜欢名贵、高档的产品，不太在意价格。因为他们的消费是一种炫耀性消费，主要目的是彰显自己的社会地位。

6. 从众心理——不希望落后于众人

拥有这种消费心理的顾客对自身需求往往缺乏理性的认识。别人买什么，他就跟风买什么，也不在乎自己是否真的需要这些产品。如果不这样做，他们心里就不舒服。

7. 偏好心理——为满足个人兴趣爱好而消费

拥有这种心理的顾客奉行个性化消费理念。无论产品是否流行时尚，无论是小众产品还是大众产品，只要喜欢就买。他们买东西通常具有明确的方向，而且是经常性、持续性的消费。

8. 自尊心理——根据自尊心的满足程度来决定是否消费

顾客在做购买决定时不光与产品本身有关，还要看销售人员的服务态度。假如销售人员服务热情周到，哪怕产品的性价比稍微低一点，他们也可能因对销售人员印象良好而决定购买。反之，当销售人员爱理不理，甚至态度恶劣时，顾客会觉得自己的尊严受损，导致东西再好、再划算也不买。

9. 疑虑心理——害怕上当吃亏

每一位消费者都不希望自己买错东西。很多人在购物的过程中会对产品的质量、性能、造型等方面挑三拣四，这样做除了考虑到有利于砍价外，更多的是怕上当吃亏。

10. 安全心理——害怕产品存在安全隐患

谁也不希望买回一个存在安全隐患的产品。为了确保自己买的不是定时炸弹，顾客会再三确认产品使用是否安全。

11. 隐秘心理——不想让其他人知道自己买了什么

有时候，一些消费者不希望别人知道自己买了什么，会挑选人少的时候迅速采购早已确定的目标产品。

以上各种消费心理体现了顾客不同层面的需求。企业在做口碑营销时应留意目标客户群体身上有哪些消费心理。这样才能吸引顾客，赢得口碑。

案例研究

2016年10月29日晚上，安徽三只松鼠电子商务有限公司在官方新浪微博上发布了《报告大王：有人请你上车白吃白喝！》的活动公告。主要内容如下：

“来不及了！快上车！”

如果你走在大街上，一不小心听到这句话，

请一定180°迅速回头！

如果你瞥见一间“三只松鼠投食车”身边驶过，

请睁大眼睛不要怀疑！

如果你看到一辆零食满钵嗨翻天的大巴，

还有动物在窗口对你招手，千万别拒绝！

一句话：跟上就对了！

三只松鼠将开启全国首家移动投食车，正式招募“投食体验师”！

▼问题来了：这咩东东？

11月4日，狂拽酷炫的松鼠双11投食车驾到！这个在城市中心神秘移动、松鼠味儿十足的“萌萌大物”，将名正言顺地和主人们约（mian）会（ji）啦！

▼报告：什么是“投食体验师”呀？

吃吃喝喝玩玩啊。

真的嘛，这么爽？

当然不是，我还会送礼物！让你更爽！

▼“...诶？等等，我能问几个问题不？”

Q：投食车里面有啥嘞，能吃咩？

抱歉这位小主，车不能吃，但车上吃啥有啥，绝对尽兴！

Q：我一个大胃王上车，会不会吃垮你？

主人太小看我了。毕竟我带的零食还有备车，尽管带上你的潜力和肚皮吧（自信脸）~

Q：除了吃，有礼物没？

这么些天私藏的宝贝还能有假？上车有份，只管带走！当然，还得排除最后赖在车上不走的~多的不给啊~

Q：能见到那只超大超大的松鼠么？

上车跳舞，卖力服务，加360° 贴身自拍！还有暖暖松鼠抱哦~绝无虚言。

Q：不扯淡，有优惠嘛？

双11机密情报，绝版/限量新品预先看、抢先尝，咱们车内详谈哈。

Q：投食车往哪开呀？

嘘~别问，回头看！也许就在你身边~报名主人越多的城市，“森林零食铺”出现的几率越大哦！

▼说正题...怎么报名成为“投食体验师”？

年轻人，真会抓重点~看下面！

报名方法一：

点击微博文案中的游戏链接，开玩投食车游戏（注意保护好车顶小贱）！游戏结束，记得填写信息预约投食体验师名额哦。

正确填写方式（划重点）：称呼+姓名+城市，以及主人的手机号。填完信息点击“提交”就ok。

……

这则活动公告很快获得了46696阅读量和165点赞量，形成了良好的口碑传播效果。三只松鼠借此在10月30日的企业新媒体榜单上一举夺魁。

满足消费者的多样需求

由此可见，想要读懂消费者的心理，就得学会换位思考，特别是要仔细琢磨消费者希望怎样吃喝玩乐。毕竟，对于大多数人来说，消费无非是衣食住行和吃喝玩乐。消费者的基本需求都一样，但细节需求差别很大，不同需求的组合更是多样化。如果能一次性地满足消费者的更多需求，他们就会对你念念不忘，反复谈说，传播你的创意和口碑。

专家视角

诱因是口口相传和病毒式传播的基石。我们可以用摇滚乐队打个比方，社交货币仿佛是乐队的领奏者，令人兴奋，十分有趣，会得到很多关注。诱因仿佛是鼓手或贝斯手，虽然不如社交货币那么有吸引力，但却是完成口口相传的主力。人们可能不会对诱因施以很多关注，但它确实是成功的基础。当某物被诱发的次数越多，人们就越可能第一时间想到它，最终它成功的概率也就越大。

——乔纳·伯杰

构建情感场景，唤醒客户的情绪

要点提示

1. 唤醒客户的某种情绪是做口碑营销的必经之路；
2. 构建一个生动的情感场景，消费者会受到潜移默化的影响。

营销也要讲情境

如果说产品口碑是庄稼，那么消费者的情绪就是肥料。保持肥料充足，庄稼才能长势喜人。用特定的情境来唤醒消费者的情绪，将会在不知不觉中提高他们的购买欲望。这是一种比直接用口才推销更高明的营销技巧。

乔纳·伯杰教授在其著作《疯传：让你的产品、思想、行为像病毒一样入侵》中谈到，情境也是促成传播和消费的一个诱因。

举例来说，人们在万圣节前夕会处于一个充满南瓜和橙色装饰物的环境中。在这种氛围下，大家比平时更容易注意到橙色的东西，包括橘子汁之类的橙色产品。随着消费者关注焦点的变化，与当前情境共同点较多的话题就会被经常提起，从而相关产品的宣传推广工作也更好做。而一段时间后，消费者就很少会自然而然地联想到橙色的产品，因为所处的情境不再有相关诱因了。

电子商务平台崛起后，商家在网店布局上很重视对营销情境的构建。通过精心设计页面，会使消费者花更长的时间停留在页面上，顺手就把最吸引眼球的产品装进购物车。这样一来，消费者的购物规模就可能会增加。

而实体商店的展台布局也利用了这个原理，把需要重点推荐的产品摆放在最显眼的位置，让每一位光临的顾客都能够一眼就看到它。与此同时，商店的装修风格、播放的背景音乐、销售人员的穿着打扮、其他基础设施的布置，都旨在为顾客营造一种舒畅的购物氛围。

案例研究

商店通常喜欢播放背景音乐来调节气氛，既让员工不觉得工作单调乏味，也让消费者能以更轻松的心情来购物。但很多店家并不清楚，播放不同的背景音乐会影响不同产品的销量。

美国学者阿德里安·诺思、戴维·哈格雷福斯、詹妮弗·麦肯德里克做过一项有趣的研究。他们在一家卖酒的商店做实验，在一段时间内播放法国咖啡厅常用的法国音乐，过了一段时间又改播慕尼黑啤酒节上的德国音乐。在此期间，他们仔细统计了消费者购买各种酒类的数量。

统计结果表明，在商店的音响播放法国音乐的那段时间，法国酒的销量高于德国酒；而在音响改放德国音乐后，德国酒又成为大部分消费者的选择。也就是说，商店用哪个国家的背景音乐，消费者就会倾向于购买该国的产品。

出现这种局面的原因是，不同的背景音乐构建了不同的情境。当消费者听到法国音乐时，即便不是刻意去欣赏，也会受到潜移默化的影响，脑海中就会不由自主地联想到关于法国的信息。当这种信息在头脑中变得越来越具象化时，消费者就有可能心血来潮，萌发购买法国酒的念头。当背景音乐改为德国音乐时，消费者脑海中浮现的就是跟德国有关的元素，进而联想到德国酒，购买德国酒的消费欲望随即被唤醒。

一切情绪都是对场景的反应

心理学家认为，任何行为都是情绪的结果，任何态度都是情绪的衍生品。

情绪的“情”，实际上反映了你与外部环境之间的利益关系。

例如，当你的心爱之物丢失时你会感到悲伤，当你做一件事失败时你会感到沮丧，当你的正当利益被他人无理抢夺时你会感到愤怒，当你茫然不知所措时你会感到抑郁，这些负面情绪反映的是你在不同类型的利益受损时所感受到的痛苦。而正面情绪的诞生源头也是如此，只不过它反映的是你利益增加的情况。

情绪的“绪”则体现了我们对“情”的体验程度。我们对利益关系的认知，在很大程度上会影响我们的情绪，以及衍生行为。我们无法直接控制人心，但可以通过改变他们所处的外部环境来影响其内心情绪。这就是为什么构建不同的情感场景会唤醒人们不同的内心情绪的根本原因。

口碑营销在很大程度上得益于消费者的好感度，也就是他们因对我们的产品或服务感到满意而产生的积极情绪。顾客的这份积极情绪并不是天上掉下来的，而是商家通过努力营造令人感到舒适的购物环境得来的。所以说，口碑营销不仅仅是插科打诨、耍宝卖萌，更重要的是随时维持一个让顾客感到舒畅的购物氛围。

专家视角

诱因会帮助激活对某种产品和信息的重复性口碑传播，其中要强调两个关键因素：建立链接和周边环境。建立一个专属于两者之间的特定链接非常重要。在设计诱因的时候，我们要十分注意，诱因发生的频率会在很大程度上影响口碑传播的效果。

——乔纳·伯杰

情绪共鸣点一：好奇心

要点提示

1. 能引发人们好奇心的内容更容易被传播；
2. 做口碑营销应该设置足够的悬念来吊足顾客的胃口。

好奇心也是一种营销资源

也许你对热点新闻不“感冒”，但世界上总有一些事物能引发你的好奇心。好奇心会驱使人们接触陌生事物，尝试前所未见的新花样。许多顾客头一次光临某家商店或购买某款产品，是因为对这些东西产生了好奇心。激发好奇心的因素可能是产品口碑，也可能是其他出人意料的刺激点。

人们既恐惧未知事物，又为其神秘色彩而着迷。虽然消费者实际接受新生事物的过程可能比较缓慢，但大家会出于好奇心而讨论新生事物，形成口碑传播。虽然这种基于好奇心而产生的口碑不一定能全部转化为销售额，但是光看信息传播力度，新生事物也比那些老旧名牌吸引眼球。

好奇心人人都有，但并不是每一个商家都能利用好这个情绪共鸣点。

大多数企业的营销推广思路往往是平铺直叙地讲自己的产品如何划算，或者是夸张地渲染卖点。这种宣传方式平淡如白开水，在街上和互联网上比比皆是，根本吸引不了消费者的目光。这就跟一部没有悬念的悬疑电影一样，无法成功引起观众的兴趣，自然会落得既不叫好也不叫座的下场。

所以说，想要抓住顾客的注意力，就应该千方百计地激发他们的好奇心。比如，在产品设计上应用新概念与新技术，推出新的服务体验项目，举办一个充满悬念的线下或线上的营销娱乐活动等等。当顾客的好奇心被调动起来时，他们会暂时忘掉你的竞争对手，把焦点放在揭开你留下的谜团上。他们还会主动向自己的熟人谈起此事，让好奇心像病毒一样扩散到更多人那里。

案例研究

2004年，美国新泽西人布莱恩·谢贝罗与好友克里斯·安迪斯塔想把自己在纽约市的克里夫热狗店改成一家酒吧。但他们小店周围的四个街区里有多达60余家酒吧，竞争非常激烈。布莱恩此前因为卖热狗而成为众多美食杂志推荐的对象，但如何从酒吧市场里突围，他还没找到好办法。

直到有一天，他去露天跳蚤市场闲逛，有个做古玩生意的朋友帮他弄到了一个20世纪30年代的古典电话亭。布莱恩灵光一闪，决定把这个老式电话亭改装成通往秘密酒吧的门，并将酒吧命名为“别告诉别人”。

按照传统的商业宣传经验，招牌越醒目越好，广告越容易被发现越好。但“别告诉别人”酒吧没在广告牌或杂志上刊登广告，街上的行人甚至连它的招牌都找不到。你能看到的依然是克里夫热狗店，在这家热狗店里有个半隐半藏的电话亭，而“别告诉别人”酒吧唯一的入口就设置在那里。

从2007年开业以来，“别告诉别人”酒吧始终是纽约市最受顾客欢迎的酒吧之一。该酒吧以各种打破常规的细节树立起自己特立独行的风格，比如，顾客到热狗店，电话亭会突然“消失”。此举使得“别告诉别人”这个品牌以富有神秘色彩的坊间传闻的形式在消费者中迅速传开。

用神秘感来激发口碑传播

科学泰斗爱因斯坦说：“我们所能经历的最美好的事情就是神秘，它是所有真正的艺术和科学的源泉。谁对这种情况感到陌生，谁对它漠然冷淡、敬而远之，他就无异于行尸走肉。”

的确，神秘的东西总是吸引着人们不断去探索。你对所处的地方也许已经熟悉得有点腻烦了，但对于游客来说，这里却是令人好奇的“山的那一边”。而他们待腻了的地方，或许正是你十分神往却因种种缘故而未曾亲临之地。有人开玩笑说，旅游就是从你待腻的地方到别人待腻的地方。但好奇心总是驱使着我们做这样的事，去了解更多尚未弄清的东西，哪怕过后可能会失望、后悔。

利用好奇心做口碑营销，正如电影预告片花里戛然而止的刺激场面，让人忍不住去关注。

比如，苹果和小米等知名手机商总是早早放出最新产品的风声来预热市场，隔一段时间透露一点新信息，一步一步吊着粉丝们的胃口。无论什么广告，热一段时间就会逐渐冷却。而不断吊胃口的做法，能让消费者的热情像波浪一样从波谷反复回到波峰，保持较长时间的营销热点，不至于让人们对新产品的关注热度太快冷却下去。

这就是利用人们对神秘感的好奇心来做营销。当大家隔一段时间再提起相关话题时，产品的口碑就又被传播了一轮。如此反复，营销效果如同波浪一样叠加，最终汇成巨浪。

专家视角

我们的直觉是对的，惊奇感会促进人们的分享。令人惊奇的文章成为最常被转发的文章的可能性，比普通文章高30%。此前社交货币和实用价值得分较低的文章，比如格雷迪的咳嗽文章，或大猩猩失去亲人时会像人类一样伤心的文章，之所以成为最常被转发的文章，原因就在于它们能够让人们惊奇不已。此外，互联网上传播力最强的视频也能够激起人们的惊奇感。

——乔纳·伯杰

情绪共鸣点二：成就感

要点提示

1. 每一位顾客都希望在消费过程中获得某种成就感；
2. 成就感能引发消费者的敬畏之情，并让他们愿意花钱购买满足感。

为顾客准备一份成就感

许多情绪都能促使人们分享信息与心情，但并不是所有的情绪都能让消费者群体产生共鸣。情绪也分积极情绪和消极情绪。即便是三岁小孩也知道，快乐情绪比悲伤情绪更讨人喜欢。在各种积极情绪中，最让人扬眉吐气的就是成就感。如果能利用好这种积极情绪，口碑营销工作就会事半功倍。

前面提到，口碑谈论者的一个基本动机是想通过传播口碑来表现自己的见多识广，得到周围人的真心认可。这从侧面反映出我们的内心深处是多么渴望有成就感。

在众多消费心理中，求名心理与成就感息息相关。人们追求的成功，通常是指拥有较多的财富与地位，比如购买苹果公司最新款的iPhone系列手机，在一定程度上已经成为获取成就感的途径。消费者有意无意地把产品品牌划分为三六九等，实际上就是为了营造成就感。如果商家能满足他们的成就感，他们就会不遗余力地支持商家的品牌，到处为商家的产品说好话。

苹果手机的粉丝就是如此。虽然他们未必都是高收入人群，却愿意省下几个月的工资来买iPhone系列手机。因为有了这个品牌后，那些消费者可以向自己周围的人炫耀，以此形式来证明自己在一定程度上是成功人士，进而在人际社交圈里出风头。

此外，很多人不但希望自己获得成就感，也欣赏那些励志人物通过不懈努力而取得的辉煌。这种奋发向上的精神，同样能给消费者带来情绪上的共鸣。

案例研究

来自苏格兰中南部某小镇的苏珊·玛格莲娜·波伊尔被人们亲切地称为苏珊大妈，她因在选秀节目中演唱音乐剧《悲惨世界》中的曲目《我曾有梦》而一炮走红。想当初，走上《英国达人秀》的舞台时，谁也没觉得她有明星相。有人嘲笑她参赛时穿的衣服像是二手的复活节连衣裙，也有人讥笑说貌不惊人的她一把年纪了还跟青春时尚的年轻人比赛，就连评委也对她成为专业歌手的梦想不以为然。

谁也没料到，苏珊大妈一开口，所有的评委与观众对她的不屑顿时一扫而空，取而代之的是激动、敬意以及如雷的掌声。场上观众普遍认为，如果这个世界上真有天籁之音，大概就是指苏珊·玛格莲娜·波伊尔的歌喉吧！

这是苏珊大妈在《英国达人秀》的第一次表演，比赛视频很快成为互联网上最热门的视频。短短九天，苏珊大妈的比赛视频被浏览了1亿多次，而同时期的美国总统奥巴马的就职典礼的视频却仅仅被浏览了1850万多次。

苏珊大妈成了网络红人和网民眼中的励志榜样。英美等国的媒体记者纷纷表示，如今的大众娱乐文化一直在以貌取人，苏珊大妈的成功颠覆了这个法则。她多年前也参加过选秀节目，结果被评委百般戏弄，但她没有放弃。苏珊大妈说："我早就预料到人们看到我的外表会有些鄙视，但我决定让他们刮目相看。在《英国达人秀》之前，我一直没有合适的机会。你必须不断努力，一步一个脚印，终究会成功，永远不要放弃你心中的梦想！"

所有看过那段视频的人，几乎都会由衷地佩服苏珊大妈的勇气，以及那震撼心灵的歌声。因此，在选秀节目结束后，许多唱片公司都找苏珊大妈谈合作。她的第一张专辑《我曾有梦》只用了短短一个月的时间就获得了2009年全球专辑销量冠军，全球销量超过一千万张，打破了多项世界纪录。第二年，她又凭借新专辑《礼物》一举拿下英美两地流行排行榜第一名。2012年7月6日，苏珊大妈得到了爱丁堡玛格丽特女王大学授予的荣誉博士学位。

口碑营销应当融入励志情结

传统观点认为带有消极情绪的文章传播力更强，但相关统计数据的结果却显示带有正面情绪的文章更有可能被分享。

乔纳·伯杰教授认为："我们有足够的理由相信，人们更喜欢分享好消息。毕竟，我们大多数人都希望让别人快乐或喜悦，而非忧愁或悲伤。正如我们在社交货币那章提到的，人们是否愿意分享，一般取决于别人会怎么看待自己。正面信息被分享的次数可能更多，因为它们会让分享之人给别人留下良好的印象。没有人想要成为丧气鬼，总和别人分享令人悲伤沮丧的事。"

最能给消费者带来好心情的信息，除了令人捧腹大笑的趣事外，就是那种奋发向上的励志内容了。

现代社会的快节奏让人压力很大，奋斗是艰难的，未来前途似乎很渺茫。励志内容讲述的往往是小人物不断努力从而功成名就，或者是大人物曾经迷茫困顿最终突破绝境的故事。他们为我们树立了一个个榜样，也成了我们的尺度。当人们觉得没有希望时，一想到曾经有人在这条路上成功了，就会在心里留有最后一丝希望。纵然最后你也没能实现梦想，但至少还会有个念想，不会对生活彻底绝望。

不少企业做的口碑营销内容中都包含着励志成分，在鼓励消费者继续坚持奋斗的同时，也让他们在不知不觉中把支持某个品牌等同于支持自己心中的希望。

专家视角

敬畏是一种发自内心的惊奇与震撼，开阔了人们的视野，让人实现自我超越，在这种情绪的驱动下，人们会心甘情愿地不断传播与转载。为什么《英国达人秀》上的苏珊大妈这么火爆？就是因为这位看似土气的大妈用她天籁般的歌声激发了人们内心的敬畏与佩服之情。

——乔纳·伯杰

情绪共鸣点三：人性关怀

要点提示

1. 情感营销是口碑营销的一种常用套路；
2. 用人性关怀引发情感共鸣，是树立良好口碑的重要途径。

情感营销，重在关怀

如今的消费者已经厌烦了冷冰冰、硬邦邦的广告植入，却偏好富有人情味的东西。虽然一款好产品的实用价值和使用寿命都是有限的，但是它的附加值有很大的提升潜力。企业能够也应该用某种具有积极意义的情感来包装产品，其中最能打动人心的就是人性关怀。

人是感情丰富的高级动物，思维方式再理智的人也有感性的一面。毕竟，每个人内心深处都根植着某种核心情绪，理智思考只是这种核心情绪的外壳。当我们触及对方的核心情绪时，他的灵魂会受到震撼，内心会被打动。而情感关怀到位了，商家与消费者就有希望从“弱关系”社交转化为“强关系”社交，此时，做朋友和做生意就可以双管齐下。

情感营销这张牌已经被众多知名企业当成树立口碑的法宝，但是各家的运用技巧却有高下之分，所以成功案例与失败案例都数不胜数。比如，前面章节中提到的美林止痛药原本想用“我们能感受你的疼痛”来表达人性关怀，却引发了目标客户群体的强烈反感。这是因为商家所塑造的人性关怀没抓准要点，无法跟消费者产生情感共鸣，反而弄巧成拙。

所以，企业在打人性关怀牌的时候，一定要认真研究目标客户的真实情感，找到他们最渴望别人理解的精神需要。否则，就无法做出触及消费者内心柔软之处的口碑营销方案。

案例研究

比亚迪汽车为了展示新能源汽车的优越性能，在2016年春节期间推出了以“团圆饭”为主题的广告短片。广告的背景是：“春运”期间，由于过年回老家的人太多，高速公路上堵成一条长龙；天色已暗，人们纷纷下车，又累又饿，还冷得直跺脚。

一位与“比亚迪唐”型汽车车主拼车回家的女生，打电话告诉在家备好团圆饭的父母自己来不及回家团聚，边说还边流泪。这时候，“比亚迪唐”车主夫妇灵机一动，建议素不相识的大家就在这里吃一顿团圆饭。他们利用“比亚迪唐”型汽车的移动电站功能给220V的电磁炉供电，大家纷纷拿出食材，一起做了一顿特殊的团圆饭。女生破涕为笑，用手机的视频聊天功能对父母说：“爸妈，我现在很好，在和大家吃团圆饭呢。”

这个关于团圆饭的故事把产品、事件、情感融合在一起。最能打动人心的是游子对过年回家吃团圆饭的期盼之情，以及萍水相逢的陌生人在遇到共同难题时的互助之义。整个广告充满了浓浓的年味与温暖的人情味，又巧妙地展示了“比亚迪唐”型汽车的移动电站功能。这个创意堪称人性关怀与营销信息相结合的典范。

比亚迪官方微博与微信在2016年1月26日将该视频上传到腾讯、优酷等视频门户网站，又在1月27日～30日设置点位推荐，实现了超过128万的点击量，做了一次漂亮的情感营销。

触动情感，贵在真诚和直观

绝大多数消费者在选购产品时，很多时候并不是靠理性，而是在凭心情做决策。能够打动他们的情感，营销就成功了一半。“比亚迪唐”的广告触动了中国消费者浓浓的思乡之情与共渡难关的患难之情，故而得到了很高的点击量与良好的口碑。其成功的秘诀就在真诚与直观。

现在的消费者对产品的最高评价是“业界良心”和“诚意之作”。这两个词一旦出现，意味着企业得到了最充分的认可。口碑营销团队想要成功，就应该从“诚意”二字上下功夫。没有“想消费者所想，急消费者所急”的真诚态度，是不可能在营销内容中反映出对目标客户的尊重和体贴的。

真诚并不是居高临下的“人性关怀”，不可以睥睨众生的姿态来故作悲悯，那样做是不接地气的矫揉造作。真诚应当是以平等的态度展开关怀，不把自己当作施予者，而是将自己当成服务者。

直观，说的是表达人性关怀的方式要直观，可以委婉含蓄，但不能晦涩难懂，不能搞成故弄玄虚的灰色调。应该让消费者一看到就感觉你要表达的东西直指人心。比如，从大家日常生活中最平凡最熟悉的细节入手，唤醒消费者因司空见惯而忽略的重要记忆，以此触动他们内心中最柔软的地方。

总之，在真诚与直观上下足功夫，口碑营销团队才能恰如其分地表达出人性关怀的主题，不至于弄巧成拙。

专家视角

我们不用反复强调这些事实，而是需要关注情感，关注可以激励人行动的情感。在激发情感方面，有些产品或创意似乎更胜一筹。一个时尚的新休息室比物流管理更容易让人们产生兴奋之情，宠物和婴儿比银行或非营利金融政策更能激起人们的情感。

——乔纳·伯杰

第四章

形象塑造：好口碑源于产品品牌自身的光环

产品本身要是不过硬，消费者就不会真正接纳它，还会对营销宣传失去信任。所以，口碑营销必须围绕产品定位来进行，根据目标用户群体的特点来制定宣传方案。用消费者喜闻乐见的东西来引起他们的兴趣，并在宣传过程中植入品牌元素，突出产品的优点和特色，这样才能在目标用户中形成良好的口碑。

口碑跟着产品定位走

要点提示

1. 口碑营销应当围绕产品自身的特点来做；

2. 把产品卖点与营销内容相结合，才能把口碑转化为销量。

根据产品特点做营销

营销策略有千万种，但归根结底都要跟着产品定位走。一则制作精良的广告若是不能清楚地展现产品的用途和卖点，就是失败之作。因为当消费者谈论起这则广告时，并不会记起你的产品。

口碑营销的主要任务是树立产品的口碑，并设法让产品在消费者心中留下一个鲜明而深刻的印象。最好是能让产品形象转化为一个易懂好记的关键词，当消费者看到那个关键词时就能立即联想到你的产品。要做到这一点，企业首先应该搞清楚自己产品的市场定位是什么。

产品的市场定位主要指产品针对哪个目标客户群体的需求，能为用户提供哪些功能，定在什么价位。定位不清晰的产品无法满足目标客户的需求，也吸引不了他们的谈论兴趣。在这种情况下，制定的口碑营销策略十有八九牛头不对马嘴。那些口碑很好的名牌产品，总能把自己的产品特点很好地融合到消费者感兴趣的元素里，让人感觉恰到好处。

比如，百事可乐将自己定位为年轻、时尚、个性、新潮的流行文化的代表。百事公司制作的营销广告使用过各式各样的主题元素，但万变不离其宗的是其产品的形象定位，无论做什么主题的营销内容，都让我们感觉这是年轻人喜爱的东西。

因此，提炼产品的卖点是做口碑营销的一项重要准备工作。甚至可以说，这项工作决定了后续营销活动是否能制造出脍炙人口的口碑。

案例研究

电影《煎饼侠》在尚未播出前就有相当不错的热度。这部电影取名时就套用了美国的超级英雄电影《钢铁侠》的思路，大打“超级英雄”牌。片中有许多香港明星甚至国际动作巨星尚格·云顿等人的客串，让这部网络剧改编的大电影有了几分超级英雄片的派头。对于原先就关注《煎饼侠》的用户来说，这些加分项让他们对影片抱有更大的期待。

从2015年4月到7月，《煎饼侠》制片方根据电影自身的特点制定了有不同侧重点的宣传方案。4月的宣传重点是“英雄反转”，5月则转为“强化喜剧、主线剧情露出”的策略，6月的宣传以“树立口碑、强化情感”为主旨，7月的宣传以“看点揭露”为中心。

比如，2015年4月30日，《煎饼侠》导演大鹏（董成鹏）在中关村南大街一个路口摆了个煎饼摊，很快煎饼摊前就排起了长队。“大鹏摊煎饼”的视频与图片在新浪微博上迅速走红。“@北京人不知道的北京事儿”“@吃喝玩乐在北京”等北京本地营销号发布的相关消息都有数千转发量，而当天相关的视频热度达到了226.2万。许多路过此地的人纷纷拍照录像上传到自己的朋友圈，“大鹏现场摊煎饼”这个话题迅速冲上了微博热搜榜。这为《煎饼侠》电影的预热带来了很好的效果。

虽然不少观众在正式观影后发现自己预期过高，导致影片上映后口碑滑坡，但《煎饼侠》在上映前的口碑营销还是比较成功的。

关键还是产品定位

做口碑营销最怕的就是脱离产品定位，以及塑造的品牌形象与产品完全脱节。很多营销团队在企业新媒体平台上与用户打得火热，但用户感兴趣的却只是跟官微小编聊天，而不是公司的产品。这样的口碑营销无疑是失败的。

《博物》杂志和杜蕾斯的口碑营销之所以做得成功，是因为“博物君”与“小杜杜”本身的形象与产品保持一体化。特别是“博物君”树立的博物知识科普者形象，与《博物》杂志本身的定位完全一致，充分展现了产品的特点。

《煎饼侠》剧组在中关村南大街摆摊烙煎饼的行为，与电影主题高度吻合。所以这个事件很快形成了热门话题，冲上了微博热搜榜。而网友们看到热搜榜上的“大鹏摊煎饼”关键词时，就会好奇为什么摊煎饼这样稀松平常的事情能成为热门话题。当他们点击观看视频后，就会明白原来这是《煎饼侠》电影的一次特殊的宣传活动。于是《煎饼侠》的口碑就传播得更广泛了。

关于产品的市场定位，可以有多种选择。如果从价格上定位，口碑营销的侧重点是突出产品的高性价比。如果从精神上定位，口碑营销的侧重点是赋予产品某种精神光环。如果从公司理念的角度来定位，口碑营销的侧重点就是向消费者传递公司的企业文化和企业使命。此外，产品还可以运用跟同类产品作对比的方式进行定位，争取细分市场中的潜在顾客。对于那些喜欢新品的消费者，口碑营销的侧重点是突出产品的创新性。

专家视角

一个企业想拥有好口碑，好产品就是口碑的发动机，是所有基础的基础。产品品质是1，品牌营销是它身后的0，没有前者全无意义。而如果产品给力，哪怕营销做得差一点，也不会太难看。小米营销是口碑传播，口碑的本源是产品。所以基于产品的卖点和表达卖点的基本素材是传播的生命线。

——小米科技联合创始人　黎万强

在用户喜欢的东西里植入品牌元素

要点提示

1. 消费者对产品有需求，但对产品信息往往缺乏兴趣；
2. 用顾客喜欢的东西来吸引他们的注意力，然后往里面植入品牌元素。

软广告更容易赢得顾客的好感

“硬广告”指的是不带修饰的产品广告。硬广告赤裸裸地推销产品，毫无多余的信息，让消费者感觉生硬、粗暴，故而得名。与之相对的是“软广告”，即把产品销售信息植入一则故事、一款游戏、一个节目或者一项活动中，让消费者自然而然地接受暗示，最终产生购买的欲望。

如果说硬广告是苦涩的药，那么软广告就是包裹了层层糖衣的药。在这个推崇个性与创意的时代，在这个消费者分分钟就会被其他有趣的东西带跑的时代，硬广告几乎变成了人人喊打的过街老鼠。

比如，微信朋友圈里最让人讨厌的行为之一就是发产品信息。尤其是一些搞微商的人，总是在朋友圈里发自己的广告。虽说微信营销讲究的就是精准推送，但这样毫无掩饰的硬广告让人烦不胜烦。因为，绝大多数用户不是把微信当成营销工具，而是将其视为联络感情的社交平台。谈买卖跟朋友圈的气氛一点都不搭调，容易让人产生私人空间被侵入的感觉。

但这并不是说微信营销不能做，关键在于用要软广告代替硬广告，就是提供用户们喜欢的内容，先抓住他们的心，然后把自己的产品元素植入到内容当中。用户知道你在打广告，但他更在意的是你提供了他喜欢的内容，这样大家就在愉快的交流中完成了销售信息和产品口碑的传递。

案例研究

神州专车于2016年1月27日在微信朋友圈里推出了一则名为“和吴秀波对视5秒钟”的H5广告。H5页面上有国内著名演员吴秀波的头像，这位有“雅痞大叔”美称的明星在消费者中有着很高的人气，影迷遍布各个年龄段。H5广告页面上的“吴秀波”有着帅气的造型和充满挑逗性的眼神，再加上“阁下！敢不敢和吴秀波对视5秒钟？”的挑战语，激发了许多消费者的好奇心与好胜心。

当消费者点击进入页面后，会和“吴秀波”进行5秒钟的“眼神交流”。对于吴秀波的影迷来说，这相当于是自己与偶像的一场跨越电子屏幕的深度交流。5秒钟后，H5画面上的“吴秀波”会自动说“像你这么有调调的人，该坐神州专车”，然后掏出一张黑卡，豪爽地说，“拿去，我请”。当消费者点击黑卡时，弹出的东西是神州专车送给用户的打车券。

使用过神州专车的消费者都知道神州打车券的便利。神州专车以这种形式赠送给用户的打车券并不是一笔小开支，但这项优惠活动需要用户填写手机号。也就是说，用户通过参与对视5秒钟的小游戏和登记手机号获得了具有实用性的打车券，而神州专车借此机会巩固了与老用户的合作关系，并顺势发展了一批新用户。

由于准确地把握了用户的追星心理，又在微信广告中设置了引人注目的小游戏环节，神州专车这则广告很快刷爆朋友圈，转发、评论、点赞不计其数。毫无疑问，这是一次成功的口碑营销。

先给顾客喜欢的东西，再介绍要卖的东西

企业口碑营销团队需要明白一点，顾客喜欢你的产品不代表他们喜欢天天看你的广告。在大多数时候，企业官方微博和公众号的任务并不是宣传公司、介绍产品，而是绞尽脑汁地让顾客成为自己的粉丝，每天都关注自己的一举一动。要做到这点，没有捷径可走，唯一的办法就是不断地提供他们感兴趣的内容。哪怕这些内容与你的产品没什么关系，你也要放长眼光，坚持天天为粉丝提供。

粉丝喜欢什么东西，通常会反映在他们给企业官方微博的评论和私信里。口碑营销团队每天都会收到很多这样的信息，经过统计研究后，他们就能大致摸清消费者有哪些共同喜好。这是一个方向性问题，如果不尽早确定下来，你就和其他千人一面的营销号一样没有亮点，很快就会被大家忘到脑后。

口碑营销团队一定要克制住急于推销产品的心情，应该先让消费者看到自己喜欢的东西，再找机会推销产品。并且，这项工作不能生硬，而要自然自然地进行，令对方感到顺理成章。

专家视角

给予人们一些可供谈论的东西，意味着要创造性地展示你的产品、服务和公司。而日常状态的业务，并不能成为被人谈论的话题。因此，必须不断地提出新的话题。即使是对你的骨灰级粉丝，也需要有新的东西，这样，他们的兴趣才能持续保持和发展。也就是说，没有新的魅惑物，就不会有持续的交谈。而只要你能做出惊人之举，粉丝们就会为之疯狂。

——安迪·赛诺维兹

提高产品性价比，引发用户谈论的兴趣

要点提示

1. 产品口碑的好坏主要取决于其性价比的高低；
2. 做口碑营销应当生动形象地展示产品性价比，这样才能引发用户讨论的兴趣。

性价比决定产品口碑

众所周知，坏产品不可能形成好口碑。任何消费者都希望买到的产品物有所值。也许，一款产品不是世界上独一无二的珍宝，但对于消费者而言，只要性价比足够高，就能让他们忍不住为其买单。

一件产品的口碑是好是坏，主要取决于其性价比的高低。俗话说：一分钱一分货。附加值越高的产品通常也越贵，而大部分消费者的预算是有限的。只要性能与价格达到心中的平衡点，消费者就会购买。当然，为了让产品的性价比更高，消费者会跟商家讨价还价。

擅长讨价还价的买家不少，但更多消费者并不具备精算师的头脑，能用最低的价格买到最好的东西。他们主要通过看互联网上的相关评论，或者身边朋友的相关推荐，以这些信息来判断产品是否具备购买价值。这种

选购商品的办法显然不是最高明的，但它非常实用，大多数人都这样做。

口碑营销就是利用消费者的这种消费习惯来制造对自家产品有利的舆论。其中的诀窍就是提高产品的性价比，让消费者对产品的兴趣更高，并且愿意和其他人谈论它。这就要求营销人员要运用多种办法来证明产品的附加值超出消费者的最初感受。

案例研究

你相信世界上有一种既能吃又能放曲子的唱片吗？奥利奥因在中国的收入持续下降，不得不设法挽回很容易对商品失去新鲜感的中国消费者的心。为此，奥利奥邀请科技达人把饼干做成了“小唱片”。

购买奥利奥新款饼干的顾客会收到一个装有“唱片”的唱片机盒，这些“唱片”就是饼干。奥利奥的“饼干小唱片”拥有摇滚、爵士、电子、中国风等6种不同曲风的主题音乐。最重要的是，你在欣赏完这些歌曲后，可以把“小唱片”吞下肚子里，它真的是能吃的饼干！

这个奇思妙想是奥利奥为了扭转市场困境而制定的全新品牌战略。在奥利奥的新品牌宣传片中，“打开奥利奥”的动作被赋予了“打破壁垒”的特殊含义。宣传片鼓励大家接纳不同类型的人群，尝试多种口味的产品，打开想象的世界，从而收获意料之外的情感和友谊。

奥利奥“饼干小唱片”就是在这个背景下诞生的。它抓住了新媒体时代消费者喜欢酷炫、好玩的东西的特点，提高了饼干的附加值。大家觉得奥利奥饼干居然不仅可以食用，还能播放音乐，并且有着不同寻常的性价比。因此，消费者对奥利奥的“饼干小唱片”充满了兴趣，从而将这个话题传播开来，让更多人关注奥利奥品牌的食品。

改变产品在顾客心中的价值

乔纳·伯杰教授指出：“产品价格要脱颖而出，才会被人口口相传。正如前景理论所示，价格要让人们意想不到，其中一个重要因素就是人们的期待值。超出预期的促销产品更可能被人分享，具体原因可能是交易本身就很令人吃惊（比如，打折力度让人难以置信），或是描述方式让人认为交易很划算。”

说到底，提高产品的性价比就是改变它在顾客心中的价值。几乎所有的商家都会采取打折促销的策略，自从进入电子商务时代后，折扣战就更加激烈了。双十一购物狂欢节的出现，更是把折扣策略推向了高峰。

相对于这种被滥用的策略，另一种影响产品价值的思路是改变成品的“易得性”。假如一种产品不那么容易买到，它将获得更多的附加价值。因为买到它的人会认为自己是极少数幸运儿，并向其他人炫耀自己的胜利果实。

事实上，过多的打折会让顾客把折扣价视为正常价，一旦商家恢复原价，就会让销量迅速下降。而限时抢购或限量抢购的手段，会让顾客认为产品十分稀缺，始终处于供不应求的状态。消费者会凭经验和直觉判断这款产品很受欢迎，应当有良好的口碑，自己不买的话就会错失良机。

根据营销学家的统计，限量购买可以让产品销量增加50%，而且这种特殊策略能加大消费者口口相传的力度。

专家视角

有一个非常实用的例子，那就是促销降价。因为消费者对降价非常敏感，要突出商品惊人的降价幅度，我们要使用“100原则”来呈现价格。比如，一件20元的衣服降价5元，你告诉消费者降价25%才更有诱惑力；而一台2000元的笔记本电脑降价500元，这时你就不能再用25%，你要非常醒目地告诉人们该商品降价500元！我们以100为分界线，来决定使用百分比还是实际数字更加吸引人。

——乔纳·伯杰

借助产品来传递一种理想

要点提示

1. 口碑营销的使命是借助产品来传递企业的理想；
2. 用理想情怀来感染消费者，也是口碑营销的有力武器。

口碑营销策略之情怀牌

罗永浩的“锤子”手机没有什么突出的亮点，但硬是靠着卖情怀赢得了众多“锤粉”。锤子科技最近陷入了运营危机，但就事论事，这并不意味着情怀牌对营销没用。事实上，几乎所有的知名品牌都用过情怀牌来做营销。

比如，杭州娃哈哈公司在1998年推出了“非常可乐”，就以“中国人自己的可乐”为宣传重点。非常可乐与可口可乐、百事可乐是竞争对手，大打民族情怀牌让这款饮料一度走红市场。

又如，2015年得到很高评价的国产动画电影《西游记之大圣归来》，打的是西游文化的情怀牌。由于电影本身制作足够用心，许多观众自发组成了“自来水”，积极地传播《西游记之大圣归来》的口碑。

不过，情怀牌的效果有好有坏，不可一概而论，关键看营销者如何操作。

口碑营销的一个基本原理是利用消费者的情感共鸣来做销售。卖情怀就是一种引发情感共鸣的重要途径。做口碑营销既要务实，也要有点理想主义精神。否则，消费者只能感受到商家的精明算计，对品牌却缺乏足够的认同感。如果不能形成较高的品牌忠诚度，就意味着口碑营销失败了。

解决这个问题的办法，就是通过产品来表达自己公司的企业使命（或一种情怀），让消费者被充满理想主义色彩的某种情怀所感动，从而发自内心地认可公司的理想，以及寄托着理想的产品。

案例研究

海尔的微博营销一直做得非常生动活泼，不仅与粉丝频繁互动，还多次与其他企业官方微博进行趣味对话，相互扩大彼此的口碑影响力。海尔新媒体总监沈方俊讲过一个很有趣的案例。

故宫淘宝微博在新媒体营销方面以机智幽默著称。有一回，一位粉丝在故宫淘宝微博下询问：能否出个叫“冷宫”的冰箱贴？原来，这位粉丝认为冰箱是用来制冷的，把剩菜剩饭放进冰箱相当于“打入冷宫”。故宫淘宝出过许多类似的小物件，所以粉丝有此一问。故宫淘宝微博转发了这个微博，说：“现在都是一些什么人呀。”就在此时，其他粉丝用这个消息@了海尔官方微博，问海尔集团什么时候能和故宫淘宝合作，联合推出一款“冷宫”冰箱。

海尔官微的编辑马上回复说：“容我考虑考虑。”粉丝们见状都在微博下评论，要求海尔快点做出这种好玩的东西来，评论数与点赞数都超过了3万。于是海尔官方微博就这么意外地在互动中火了。

紧接着，海尔新媒体部门马上与冰箱订制组的同事进行沟通，完成了一份用户调研反馈报告。据统计，有3万多名用户想要这款“冷宫”冰箱。海尔工程师开了个紧急会议，决定研发“冷宫”冰箱。而海尔官方微博在24小时后发出了用户提供的“冷宫”冰箱设计图，并@了故宫淘宝微博。

过了一周，“冷宫”冰箱真的问世了。海尔客服在第一时间把这款个性化定制的冰箱送到了提供设计图的用户手上。

后来，海尔官微经常与故宫淘宝微博进行隔空对话，在机智幽默的调侃中扩大自家产品的影响力，借助用户的反馈意见来促进产品的更新迭代。这种良性循环的互动不仅贯彻了海尔集团“人单合一，速决速胜”的经营理念，也传达了“海尔，真诚到永远”的企业理想。

此外，海尔天猫旗舰店在2016年推出了以“搞定智潮生活”为主题的“双十一”狂欢活动。这个营销主题符合年轻人对智能新潮生活方式的向往。海尔天猫旗舰店通过诚意满满的福利“搞定”了无数热衷于网购与智能产品的年轻人，在“双十一”期间大受追捧。

据媒体报道：“（2016年）11月11日零点钟声敲响后，海尔就呈现出强劲的增长势头。仅6分钟销售额就突破了1亿元，17分钟突破2亿元，79分钟就冲破了5亿元大关，最终第五次蝉联天猫单店大家电销售冠军，充分彰显出行业第一品牌的过硬实力。”由此可见，海尔集团在家电行业里已经树立了难以撼动的优秀口碑。

为消费者提供新理想

海尔集团CEO张瑞敏在2016年11月16日至18日的第三届世界互联网大会上谈道：“互联网带给大型制造企业的挑战非常大，今天的主题‘智动力，慧生活’是我们要努力转型的一个方向，我们现在要做的就是智慧家庭。其中包含两方面：第一就是把电器变成网器。过去电脑连上电就行，现在必须要连上网，不连上网就没有意义。第二就是把网器变成网站。网站不仅意味着连上网络跟用户进行交互，还要让用户提出要求或建议，双方共同打造智慧家庭，也就是让消费者变成产销者。像我们这种企业，过去做的是顾客，现在则要做用户，目标就是要实现物联网。物联网从提出到今天已经17年，一直没有突破，原因就是没有用户真正的声音。而如果没有用户真正的声音，只把智能的功能做得更好并不会实现突破。”

“智慧家庭”这一概念的提出，显示出海尔集团的勃勃雄心。这意味着海尔在未来的发展中将发生重大转型。海尔在2016年“双十一”购物节的销售额足以说明海尔是广大消费者心中民族品牌的代表。“智慧家庭”战略让这个民族品牌为消费者树立了新的理想。这份远大情怀的感召力，将让消费者继续把海尔视为家电业先进生产力的代表，并以实际的购买行动支持海尔的发展。双方相互促进，共同成就了海尔品牌的口碑。可见商家如果能把自己的理想变成消费者的生活梦想，将会收获更多的口碑红利。

专家视角

一种核桃好吃与否，并不能决定企业的生死，因为消费者也知道，你的质量不会比别家的好太多。顾客认的是你的品牌和用户体验，所以企业必须把品牌的识别度作为一个最大的差异化内涵去建设。当你的品牌被顾客记住时，他们未来的选择就不会有任何被迫性。每次上网，就会直接点击购买。这就是“粉丝”经济的效果。

——三只松鼠创始人兼CEO　章燎原

每一位回头客都是口碑传播者

要点提示

1. 口碑营销重视用户黏度，需要企业诚心与用户做朋友；

2. 提高用户的品牌忠诚度，他们才愿意为企业义务传播口碑。

用户黏度与回头客

近几年来，互联网思维被炒得火热，其中“用户黏度”这个词越发受到商界重视。

所谓用户黏度，指的是用户对产品的认同度与依赖度。高用户黏度的顾客是某个品牌产品的重度拥护者，每次公司推出新品时，他们不仅会积极订购，还会向其他人推销。低用户黏度的顾客则不会这样做，他们可能消费一次后就对你的产品失去了兴趣，就算他们不散播负面评价，但也不会再用你的产品了。

口碑营销与用户黏度有着密切的关系。从某种角度上说，用户黏度是衡量口碑营销效果的一个重要指标。低用户黏度几乎是口碑不好的同义词。

不少商家为了提高利润喜欢“宰”客，尽可能地从单个顾客身上榨取最大收益，而不在乎他们下次是否还会光顾。这种杀鸡取卵的做法无疑会大大减少回头客的数量，用户黏度也无从谈起，口碑营销自然无法做下去。

其实，口碑营销的目标就是把新顾客变成回头客，把回头客变成铁杆粉丝。假如一位顾客不愿意再次光临你的店铺，他们是绝对不会传播关于你的正面口碑的，即用户黏度等于零。而回头客愿意用你的产品，本身就是一种认可行为。但这个认可也许只是普通程度，还不足以让他们向其他人大力推荐。这时候，商家就应该通过优质服务来提高消费者的满意度。满意度上去了，用户黏度才会增加，回头客才会自发成为你的口碑传播者。

案例研究

星巴克咖啡举世闻名，拥有大量忠实的顾客。由于顾客满意度很高，星巴克在业内一直享有很高的声誉。毫不夸张地说，星巴克的口碑就是一个个回头客的好评累积而成的。

星巴克的总裁霍华德舒尔兹说："虽然咖啡并不是什么高科技产品，但是我相信IT界推陈出新的策略是'放之四海而皆准'的。今天你虽然是咖啡界的龙头，但如果明天有人先开发出下一代新产品，你就得退居二线。我目前要做的就是确保星巴克能抢先一步，推陈出新。"

为此，星巴克专门投资数百万美元建立"科技应用中心"，以便在主打产品的基础上不断根据口味、消费时尚、节气时令等因素的变化来推出新产品。除了"科技应用中心"外，星巴克还与百事可乐等饮料公司合作开发新产品。

为了让新顾客变成回头客，星巴克在提高顾客满意度这点上可谓绞尽脑汁，力求用新产品或新营销手段实现超出顾客预期的价值。星巴克在研发新产品时做了广泛而深入的市场调研，并在员工培训时要求每个员工理解星巴克的企业文化内涵。

星巴克通过提供百分百的满意服务，使顾客对其品牌有了更高的好感度，觉得自己从这里得到的总价值非常划算。如此一来，顾客就会热心地替星巴克进行口碑营销，将其一步步推广为全球最著名的咖啡品牌店。

努力提升用户的品牌忠诚度

口碑营销是一种立足长远发展和长期效益的新型营销策略。这种营销策略最忌讳的是急功近利、竭泽而渔。在新媒体时代，商家的短视行为会很快被气冲冲的顾客写成一篇引发无数人评论和转发的吐槽帖，接下来商家将被迫面对铺天盖地的声讨，舆论甚至会迫使有关部门高调介入……

故而安迪·赛诺维兹教授特别强调："如果你的产品优良，服务到位，人们将夸赞有加。如果你工作不力，人们也会如实反映。口碑传到网上可谓如虎添翼，其传播速度之快、影响之广，令人无从掩饰。几年前，你还可以在精心炮制的广告支持下，推出平庸的产品，指望在不利的反馈还没有广为人知之前，就已经售出大量产品并从中获利了。那时，你还可以生产劣质产品并长期出售，直到人们认识到，那东西根本要不得。在今天的全新环境中，新产品刚刚出现在市场上，朋友之间的产品评论、博客帖子和电子邮件就满天飞了。你再也不能以次充好，愚弄消费者了，因为大家在24小时之内就会了解到这个产品是好是坏。精良的广告并不会修故障频出的汽车。"

毫无疑问，想要避免这种不利口碑的出现，唯一的办法就是做好产品及服务，积极地解决问题，不给消费者留下话柄。唯有这样，企业才能提升产品用户的品牌忠诚度，让他们成为好口碑的传播者，而非差评的制造者。

专家视角

事实上，企业91%的业务都源自于现有的客户。企业现有的客户会带来更多的价值，推动业务的一个驱动力就是现有客户的推荐，这可以让企业的业务更加成功。因此，让现有客户成为未来最重要的驱动力，这是非常重要的一点。

——乔纳·伯杰

打造拟人化品牌，四两拨千斤的传播技巧

要点提示

1. 企业的口碑营销离不开新媒体平台，最关键的是树立一个拟人化的品牌形象；
2. 消费者喜欢跟拟人化品牌形象进行互动，企业可借此扩大口碑影响力。

打造企业新媒体的拟人化品牌

新媒体平台是企业口碑营销的主要阵地。但很多企业的官方微博和微信公众号，都还不如一个自媒体吸引的粉丝多。很多玩自媒体的网络“大神”在现实生活中不一定有高收入和高地位，但他们比拿工资的企业新媒体运营工作人员表现得更为出色，拥有一批忠实的铁杆粉丝，而且还善于制造话题。造成这种情况的根本原因是企业对新媒体工具的重视不足，对口碑营销的运作原理认识不清。

企业官方微博和微信公众号在本质上都是一个与目标消费群体构建强社交关系的平台。

公司官微与公众号的形象几乎可以跟企业品牌的整体形象画等号。既然要和用户做深度社交，企业新媒体就不能再像传统的门户网站与电商平

台那样忽视交流，而要学会热情地与用户互动。具体地说，要让消费者感觉你像一个有血有肉、有情绪、有思想的“人”，而不是一个冷冰冰的营销账号。

那些活跃的自媒体，最吸引广大网友的地方就是“人味”。它能让你感受到这个自媒体账号是一个个性鲜明、思想活跃、生动有趣的“人”，而不是一个信息公告栏，或者是一个发帖机器人。

在互联网经济环境下，有不少电商凭借鲜明的拟人化品牌迅速崛起。包括许多看似发展潜力很小的传统行业，也涌现出个别用新媒体营销四两拨千斤的“弄潮儿”。比如，坚果零售行业出了一个特立独行的“三只松鼠”。

案例研究

安徽三只松鼠电子商务有限公司（简称：三只松鼠）可以说是坚果零售业最擅长口碑营销的公司。2012年，三只松鼠最高日销售额为766万。2013年的“双十一”，公司仅仅一天就销售了3562万的产品，位居天猫网坚果销售榜第一位。公司在成立的第二年就跻身“全国坚果炒货营销十强企业”的行列，并获得了“2013中国（服务类）创新产品十强”的殊荣。三只松鼠最成功的地方是打造了一个拟人化的品牌形象。

在许多网友眼中，松鼠是一种很萌的动物。“三只松鼠”这个品牌名称朗朗上口，十分接地气。而动漫化的品牌形象不但让消费者感到很亲切，而且更容易吸引他们的注意力并被他们记住。据调查，该品牌的消费者有90%都对松鼠的动漫形象印象深刻。

三只松鼠的经营理念是“和消费者更近”。所以公司的客服团队都采取对话式营销的方针，积极与消费者进行交流。

三只松鼠的创始人章燎原说：“为什么三只松鼠在那么短的时间里能让那么多人喜爱它？原因是我们给用户提供了虚构的场景。我们的客服都姓鼠，我们喊顾客主人，我们说的是松鼠和主人的故事，这就是二次元。所以，最好的营销是看不见的营销，我们希望有‘营’而没有‘销’，这是我们企业的特点。”

自2014年元旦以来，三只松鼠天猫店平均每天约有15万人次的访客量。客户满意部的几百名“松鼠星人”，每天要接待1万名以上的“主人”。在拟人化品牌与对话式营销的帮助下，三只松鼠在坚果零售业里树立了无与伦比的口碑。据统计，三只松鼠产品的二次购买率达到了30%。

塑造拟人化品牌的要点

拟人化品牌的亮点是“说人话”，语言风格要日常化、趣味化，而不能搞得像机器人一样僵硬。海尔集团的产品参与了2016年神舟十一号载人飞船活动，当时海尔官微在做宣传时的语风堪称打造拟人化品牌的模板。

在飞船发射那一天，@海尔发了条微博：“【我上天了！】10月17日，神舟十一号载人飞船在酒泉卫星发射中心成功点火发射，与此同时，海尔航天冰箱第4次远征太空，将伴随航天员一同完成30天的中期驻留任务。海尔航天冰箱依靠企业的高精尖创新打破美俄的国家垄断，以轻强结构、高效节能、恒温蓄冷、智能控制4个技术点创造了30万米高度上天地全程冷链安全方案。截至目前，海尔航天冰箱已经4次接受太空任务，顺利完成了各项空间医学、生物实验样本的储存工作，并成为神舟飞船的标准配置。”

当飞船与航天员平安回到地球时，@海尔马上向网友们汇报：“【我回来了！】18日14时07分，神舟十一号飞船返回舱成功着陆，#神十一航天员回家#，我厂航天冰箱也伴随航天员成功归来。在整个在轨运行过程中，海尔航天冰箱各项技术指标正常，安全存储相关样本，圆满完成此次太空任务，为航天医学研究提供天地全程冷链的技术保障。”

“我上天了！”和“我回来了！”这两句问候语如同家人之间打招呼。后面的内容是产品信息，语风精练、准确，但开头加上了亲人式的问候，让营销号的形象顿时丰满起来。

有粉丝评论道：“哟，这不是世界的海尔吗，你咋突然出现了？飞上天和月亮肩并肩，还是和太阳脸贴脸？”有人甚至欢呼道：“厉害了，我的海尔！”这样融洽自然的口碑传播氛围，正是拟人化品牌才能形成的效果。

专家视角

三只松鼠和小米不一样。我是一个天然的IP。而衡量这个IP强大与否的标准，是消费者愿不愿意接受你的跨界产品，为你埋单。如果品牌给卡通形象做了一个玩偶，还有很多人愿意买，那你就是IP；如果没有人买，那就是一个自娱自乐的东西。

——三只松鼠创始人兼CEO　章燎原

第五章

话题挖掘：无话题则无人气，热议才会有口碑

广告语做得再精彩，也未必能让消费者产生口口相传的兴趣。因为营销信息对大多数人来说是一种价值有限的实用信息。有需求时才会千方百计地收集、整理、传播，没需求时则毫不上心。大家平时更喜欢传播各种话题，这些话题未必个个都有使用价值，但爱听故事的好奇心驱使着我们加入讨论当中。

热门话题：紧跟最引人注目的舆论焦点

要点提示

1. 口碑营销的实质是争夺消费者越来越稀缺的注意力资源；
2. 热点话题的营销信息最能吸引网友的注意力。

热点引发关注，关注产生口碑

这是一个注意力稀缺的时代，我们能看到的信息很多，但能注意到的很少，能被我们当成话题来讨论的信息更少。口碑营销的一大“拦路虎”就是消费者可能因为注意力过于分散而忽略你的产品。

美国经济学家迈克尔·戈德海伯提出过一个注意力经济理论。所谓注意力经济，就是注意力资源的生产、加工、分配、交换和消费的人类活动方式。迈克尔·戈德海伯说：“现在金钱开始与注意力一起流动。更通俗地讲，在经济转型之际，原有的财富将更自然地流向新经济的持有者。”简单来说，谁能吸引消费者的注意力，谁就能赢得更多订单。对于口碑营销而言也是如此，哪个商家能吸引消费者的注意力，就能让自家产品获得更高的关注度，进而在市场中形成口碑。

信息是过剩的，注意力资源是有限的。所以，我们总是优先关注那些热点新闻，总是被热门话题吸引眼球，带走注意力。

“蹭热点”是口碑营销的一种常用手法。热点话题关注度高，很多人会看，会参与讨论。在短期内，大家的注意力会被一两个热点话题吸引住，忽略其他本来也很重要、很有趣的信息。换言之，其他信息被我们自动过滤掉了。如果热点当中恰好出现某个产品的信息，该产品就会成为口碑谈论者的关注焦点。人们看了热闹之后，说不定会认真考虑要不要买那个品牌的产品。

案例研究

万达集团董事长王健林在一次讲话中顺口说了一句：“海尔砸冰箱才几个钱啊？我们赔了10亿多……”有好事者把这个消息捅给了海尔集团的官方新浪微博@海尔（网友称其为“海尔君”）。

海尔君在微博上吐槽道：“我还真没有好好算过在车间工人三年工资还买不来一台冰箱的1985年，张瑞敏砸的76台冰箱对当初几乎发不出工资的海尔意味着什么。但我知道现在身为官博君的我为什么买不起房了。”

这条微博很快引起热议，谁也没想到，一大波蓝V（包括机构、企业、媒体等在内的非个人微博）纷纷在评论中留言。例如：

@多乐士官方微博：“买一屋子的多乐士安全套，都买不起一套房。”

@青岛大学生：“怪不得我买不起房！”

@墨肯电视：“卖一房子的电视也买不起一套房子……”

@娃哈哈：“作为一个骑三轮儿卖水的，这辈子应该是买不起房了。”

@2345网址导航：“就算千万用户的电脑都有宝宝的身影……买房对于宝宝来说，还只是想想。”

@南昌产业带：“这么说我阿里南昌产业带做批发的岂不是更买不起。”

@呱呱洗车：“上门洗车的来了，有和我一样只想静静地看他们撕的手动点赞。”

@小酷宝："我生在阿里爸爸（即阿里巴巴集团），决心一年卖100万台，可我也绝对买不起房！"

@晨光粉丝团："虽然你祖祖辈辈全家都用我，但我还是买不起房。"

许多看热闹的网友发现在海尔官微底下"哭穷"的评论者尽是企业蓝V，于是纷纷转发评论，奔走相告，很快把海尔君的随口吐槽炒成了新浪微博上的热门话题。海尔君转发"@晨光粉丝团"的评论时又幽默了一把——"各位官博君，请向右边学习转发正确姿势。"

故而有网友点评道："蓝V只服海尔。"甚至有不少网友和蓝V尊海尔官微为"八十万官微总教头"。就这样，海尔新媒体运营团队又一次在不经意间扩大了品牌影响力，强化了自己以机智风趣著称的口碑形象。

制造热点，借势营销

热点话题的出现有时候很偶然，但基本上都有一定的社会基础。广大网友平时喜欢讨论的内容，都是滋生热点话题的土壤。

比如，每年的11月11日，最初因为数字带有四个"1"而被网民戏称为"光棍节"，很多媒体年年都会围绕这个话题来制造新闻，以取悦读者。自从"双十一"购物节问世后，"光棍节"话题的关注度逐渐下降，大家更喜欢讨论的是"剁手"的话题。购买了太多东西，花掉了好多钱，后悔得想剁手，但又控制不住自己"买买买"。于是，那些购物狂被称为"剁手党"，关于"剁手党"的笑话也成为每年11月11日的热门话题，各路商家都会利用这个热点来增加销售额。

在今年"双十一"购物节的活动中，天猫商城又把第一单生意作为新的话题。

@天猫："【2016天猫双11首单13分钟签收！】00:00:09付款成功，00:06:51商品完成打包从仓库发出，00:13:19签收成功。佛山芦苞镇黄先生还在买买买的时候，菜鸟联盟成员EMS就送来了包裹，好神速的快递GG

（哥哥）！我们的快递就拜托啦！”

第一位顾客仅在零点后的第9秒就完成了支付，天猫商城打包发货只用了不到7分钟，顾客从下单到收货仅仅用了不到14分钟。这个神一样的速度，体现了天猫商城具有强大的平台功能与物流能力。该话题兼顾了热点的娱乐性与公司形象宣传，是一个很好的话题营销模板。

专家视角

通常，传统营销人员很难发现绝好的口碑话题。因为口碑话题不符合营销业务的规则。它不是预先计划的，它无须内部协调合作，而且它几乎全都是一些非正式的议论。现实中的人重述你的官方口号或谈论你处心积虑炮制出来的话题，那只是非常例外的情况。相反，往往人们抓住并谈论的都是预料之外的话题。

——安迪·赛诺维兹

故事话题：有故事的品牌更容易赢得好口碑

要点提示

1. 每个人都喜欢听故事，没有故事的营销内容很难被大家接受；

2. 用故事来包装产品和品牌，众人才有兴趣口口相传。

故事是最好的口碑载体

无论你的产品多么新颖、有趣，如果只是用一组照片和一纸说明书来做宣传，肯定会让消费者感到味同嚼蜡。假如你能将产品放入一个故事当中，消费者也许会像吃年夜饭一样兴致勃勃。

走进餐馆，你可能会看到墙上挂着关于招牌菜的民间传说。全国各地的很多食品都有类似的故事，比如乾隆皇帝微服出巡，腹中饥饿，刚好来到某种美食的创始人的餐馆……这些杜撰出来的故事惹人发笑，却又加深了你对那道招牌菜的印象。

这就是故事营销，口碑营销的一种特殊形式。营销者利用故事来吸引人们的关注，当消费者把故事复述给别人时，产品的口碑就随之传开了。

故事天然具备一种魔力，吸引着你去关注，去聆听，去传播。我们能从故事中领悟到经验教训，感受到人情冷暖，了解某个事物的价值与意义。因为，我们每天都在书写自己的故事，而他人的故事能让我们从更多的角度去了解世界。

世界上大概没有谁会讨厌听故事，所谓的讨厌听故事可能只是因为故事讲得不精彩。相对于生涩难懂的知识与哲理，一则寓言或一个案例更容易让人理解其中的含义。中国古代的思想家大多是讲故事的高手，能用一个个鲜活生动的寓言深入浅出地讲述道理。现代市场营销也要拥有同样的思路，用故事来包装产品，让消费者在听故事的过程中潜移默化地接受营销信息。

案例研究

百事可乐公司每年都会推出《把乐带回家》系列的新广告，每支广告往往都会讲述一个小故事。比如，2016年是猴年，所以百事可乐公司就在2016年猴年春节之前推出了《把乐带回家之猴王世家》的广告。

这则广告讲述了央视版《西游记》(即互联网上常说的老版《西游记》)中孙悟空的扮演者六小龄童回忆家族百年历程的故事。“一家猴戏，千家乐；四代猴王，百代传”是本次内容营销的主题。六小龄童作为旁白回忆曾祖父、祖父、父亲、二哥和自己的事迹，发出了“苦练七十二变，方能笑对八十一难”的感慨。以道具的形式将百事可乐植入故事，恰好对应了“金箍棒交接了一代又一代，把快乐带去每一户人家”的台词。在广告结尾处，百事可乐巧妙地把场景设定成六小龄童参与《把乐带回家之猴王世家》点映礼，然后由青年人气演员李易峰代表观众祝愿他“百事可乐”。

这则内容营销打的是情怀牌，不仅表达了四代猴王薪火相传的家族梦想，也体现了“美猴王”坚持不懈的艺术追求，还让无数看着老版《西游记》长大的青年产生了浓厚的怀旧感。更重要的是，这次故事营销还紧扣了迎接猴年新春的主题。因此，《把乐带回家之猴王世家》的视频很快在微博、微信等新媒体平台上迅速走红，成为当时的热门话题之一。

用故事传递口碑

腾讯公司在其出版的《腾讯2015公关手册（内部）》中，有这样10条建议：

（1）将企业故事融入行业、社会中。

（2）让读者产生情绪和角色代入。

（3）深挖内在逻辑，否则不如不做。

（4）不要贪大求全，选择“蓝海”切入。

（5）借力时效性，越快越好。

（6）选择与产品内涵关联最直接、最紧密的。

（7）碎片化时代，观点为王。

（8）日常做好产品内涵外延词分析储备。

（9）多看行业新闻，培养联想能力。

（10）增加小技巧：数据、图片、超链接等。

在这些建议中，第一条就是以故事话题做营销。对于企业而言，自己的发展故事不仅可以教育员工，还能向消费者展示自己的奋斗者形象。这样一来，读者就会将自己代入故事的角色当中，进而与企业产生共鸣。

乔纳·伯杰教授指出：“故事本来就比枯燥的事实引人入胜。故事有开头、高潮和结局，如果人们一开始就被吸引住了，一定会期待故事的结尾。当你听到一个好故事时，恨不得每个字都不放过。如今的娱乐方式成千上万，但是我们喜欢讲故事的习惯却保留了下来。人们对讲故事已经习以为常，甚至不必要的时候也要展示一下。当然，故事的外壳，就是我们所说的情节，抓住了你的注意力，吸引着你的兴趣。但是，拨开外壳，你会发现里面所隐藏的东西。人们讲述的大多数故事都是如此：我们如何避开交通拥挤？干洗店如何将沾有油渍的白衬衫洗净，使之焕然一新？这些故事都蕴含着有用的信息：如果堵车，可以选择的捷径；如果要洗掉难洗的污渍，可以选择的干洗店……”

故事好比是一个器皿，能装下我们想要表达的一切东西，包括商家新推出的产品信息。在故事的帮助下，那些信息会活灵活现地成为消费者迫不及待要分享的内容。

专家视角

故事是一种最原始的娱乐形式，故事更方便人们记忆，而且某一类的故事更方便大家的记忆。情节叙述从本质上讲比基本的事实来得更加生动，故事就像特洛伊木马一样包含了很多社交货币和有价值的信息。人们都喜欢讲故事，相对于广告，人们很少会排斥故事。故事以最简洁的方式让人们谈论相关的产品和思想。

——乔纳·伯杰

趣味话题：口碑从大众的笑声中来

要点提示

1. 不寻常的趣味话题能把消费者从信息的海洋中拉回来；

2. 找出让消费者感觉好玩的形式，才能提高口碑的感染力。

口碑营销的娱乐属性

全民娱乐化是现代社会的一大特征，娱乐信息在社交媒体上远比严肃新闻更受欢迎。这是因为人们在快节奏、大压力的社会环境中更需要生动有趣的娱乐活动来平衡自己的生活。一张一弛，才能持久。全民娱乐化的风气有利有弊，有争议，但对于企业而言，最重要的是适应这股潮流，在合理的尺度下为目标用户提供更多有趣的娱乐内容。这也是做口碑营销必不可少的手段。

口碑营销的主要战场是社交媒体，次要战场是传统媒体。以社交媒体为基础的口碑营销必然要顺应新媒体的玩法。

娱乐性是新媒体的一大特征，缺乏趣味的东西很难在社交媒体上传播。比如，你在微博或微信上发一篇像产品说明书一样有用却干巴、枯燥的科普文章，肯定很难吸引读者。新媒体让信息变得更加零碎，既能让用户在任意一段碎片时间里浏览大量信息，但也使他们养成了比较浮躁的碎片化阅读习惯。现在的读者，就算有大把时间，也不愿去自己查阅资料，他们宁可把时间花在浏览网页上。假如不是趣味盎然的“短平快”信息，就根本入不了他们的“法眼”。

想要让你发布的内容更受欢迎，就得学会把人们熟悉或不熟悉的东西打碎，重新组装成符合碎片化阅读习惯、具有较强娱乐性的趣味内容。

比如，讲解动植物知识的时候，可以加上中国网民最关心的“能好怎”话题（能吃吗？好吃吗？怎么吃？）。通过这种发散思维的趣味话题来传递知识点，是现代科普工作的新趋势。而借助趣味话题来引发广泛讨论、输出产品信息，也是新媒体时代口碑营销的制胜之法。

案例研究

2016年初，网友helloandy发了一个题为《胖居然也算工伤》的帖子，还晒出了“工伤认证申请表”的照片为证据。原来，某个互联网餐饮企业每次推出新菜品都会让全体员工试吃，一位男程序员因多次加班试吃新菜品而长胖15斤。于是，他煞有介事地填了一份《工伤认定申请表》，说自己“吃肉一时爽，吃完莽起长”，导致三次相亲失败。最令人捧腹的是，竟然他以“胖了应该算工伤”为理由向老板申请工伤补偿。

由于这家企业平时的气氛非常活跃，这位程序员才煞有介事地提交了工伤认定申请，开玩笑地说“请领导为我的体重负责”。老板看了以后哈哈大笑，特批了200元工伤费与一天带薪假期，并且“已为你报好重庆国际马拉松比赛，祝你减肥愉快，瘦了好去相亲”。然后，那位员工真的参加了2016重庆国际马拉松赛。

这件趣闻很快上了微博热门话题榜，许多网友都调侃自己完全符合申请工伤的标准。“胖了也算工伤”这个话题的阅读量没多久就飙升到70万，转发量超过一万，一度排进社会话题排行榜前50。无论这是不是那家互联网餐饮企业精心策划的趣味事件营销，在客观上都起到了非常好的口碑传播效果。

向消费者传递快乐

为什么趣味话题能引发疯狂传播呢？乔纳·伯杰教授对此解释道："我们可能会说，这些视频的疯传只是因为它们很搞笑，但其实还有一个更基本的原因。想一想最近一次听到的超级笑话，或是看到的幽默视频，你一定觉得必须得分享给朋友。正如那些令人振奋的消息，或是令人发指的消息，搞笑的内容之所以被分享，是因为快乐属于高唤醒情绪。"

按照美国营销专家的研究成果，快乐幽默是一种高唤醒情绪，会刺激人们积极地分享自己的心得。"胖了也算工伤"这个趣味话题正是如此。

上述案例实际上是一次借势营销活动，借助了当时在朋友圈里不断刷屏的热点——重庆国际马拉松赛。当时全城市民的目光都放在这场赛事上，营销者有势可借。老板发工伤补助并替员工报名参加马拉松比赛，而该员工又配上了参赛图片，让这个话题的真实感大大增加，导致热度进一步上升。

当然，不会制造话题是借不了势的。这次事件把"胖"与"工伤"两个没有逻辑关系的词硬拉到一起，顿时产生了喜剧效果。

此外，话题如果不能得到有效传播，就失去了制造笑点的意义。"胖了也算工伤"最初只是在论坛发酵，吸引网友参与讨论并扩散到微博、微信。然后许多体型超重的网友也跟风调笑说自己的"工伤"很严重。这个趣味话题被炒热后，媒体很快进行了跟踪报道。正式新闻报道又加大了话题的传播力度，反过来推动了社交媒体的传播，最后让"胖了也算工伤"登上微博热门话题榜。

可以说，这个趣味话题是天时、地利、人和"三合一"的结果。通过向大家传递快乐，形成了妙趣横生的口碑。

专家视角

非凡之事是指不同寻常、离奇、值得注意或关注的事情。有些事情可能会因其新颖、奇特、极端或有趣而与众不同。但是，非凡之事最重要的一点其实是值得谈论。玻璃球比橡胶球弹得高就颇有谈论价值，你一定会在谈话中提到。

——乔纳·伯杰

情感话题：抓住目标群体的心灵需求

要点提示

1. 每个消费群体都有其特定的心灵情感需求；
2. 口碑营销就是用情感打动人们的内心，引起大家的情感共鸣。

粉丝不爱“无情物”

俗话说得好，谈钱伤感情。按照传统观念，生意与感情就该泾渭分明，不能混在一起，商家就应该是只认钱不认人的做派。如果现在还抱着这种想法，口碑营销是根本无从下手的。因为时代不同了，商家与消费者的社交关系越来越强化，生意和感情也应该“两手抓、两手硬”。

把只有纯粹交易关系的产品用户培养成感情比较深厚的忠实粉丝，是口碑营销的一大目标。而要实现这个目标，就得把握好细分市场受众的特定情感需求。

口碑营销是一种立足于粉丝经济的现代销售策略。粉丝客户不同于普通客户，他们对品牌有较高的忠诚度。换言之，品牌对于他们有着特殊的意义，寄托着他们的某种情感。粉丝客户投入的不光是钱，还有感情。普通客户如果对产品不满意，往往只是改用其他品牌而已。粉丝客户则会

“爱之深，责之切”，就像足球迷对待国足一样，怀有强烈的恨铁不成钢的感情。

将心比心，粉丝对品牌倾注了感情，商家应该回应这份感情，而不应一味地索取销售收益。特别是在做口碑营销时，商家应该跳出产品之外，从更广泛的情感关怀的角度来树立自己的品牌文化，让粉丝客户产生共鸣，让他们觉得你是贴心的朋友。

唯有如此，粉丝客户才会在支持品牌的过程中获得更多的情感满足，从而对商家抱有更多的好感，更加乐于传扬商家的专业性与人情味。

案例研究

宝洁公司经常进行情感营销，几乎每次母亲节都会推出新的广告短片。比如，《奥运选手都是孩子》《把孩子扶起来》《最幸福的工作》等“感谢妈妈”系列短片，成为互联网与业界交口称赞的经典案例。在里约奥运会倒计时期间，宝洁又把“奥运会”和“母亲节”两个主题结合在一起，推出了以“感谢母亲”为主题的品牌全球宣传片——《坚强》。

《坚强》用两分钟讲述了四位不同性别、种族、肤色的青年运动员的故事。他们分别从事跳水、艺术体操、田径、沙滩排球等体育运动，分别遭遇过战乱、车祸、电梯事故、飞机遇险等危险，也曾经在艰苦的训练中动摇。但在每一个危急时刻，四位运动员的母亲都用平静而温暖的话安慰自己的儿女，给予他们战胜困难的勇气。

这则广告片以奥运会体育英雄的母亲为切入点，回忆了她们怎样保护孩子，教育孩子，给孩子们带来了什么样的积极影响。这些言简意赅的故事片段给消费者留下了深刻的印象。广告片在最后写道：“每一位强大的孩子背后，都有一位强大的母亲。感谢妈妈！”把“感谢母亲”的主题升华到更高的层次。

与此同时，宝洁还在微博上发起了“做一件事感谢妈妈”的活动，延续了“为母亲喝彩”的主题宗旨。宝洁的品牌形象通过情感故事深入人心。质朴温情的宣传手法，让宝洁屡屡引起消费者的共鸣，最大限度地发挥出口碑营销的渗透力。

利用情感促进分享

情感是人类永恒的话题，具有激励作用。大家常提到的“爱的力量”，看似虚无缥缈，实际上却实实在在地出现在我们周围，隐藏在我们心里。只要在营销内容中加入情感元素，就可能唤醒消费者平时忽略的东西，使其心灵受到震撼。

利用唤醒情感来促进消费者分享信息、传播口碑，是一个好办法。问题是，我们该利用的是积极情感还是消极情感?

消极情感由消极情绪主导，会给人们带来不愉快的感受。虽然它也能促进口口相传，但很可能给品牌带来负面影响。相比之下，积极情感能从积极的角度展现产品的亮点与创意的巧妙，在大多数情况下对口碑营销更为有利。

口碑营销团队在制造情感话题时，应该避免无病呻吟。那些令人怦然心动的情感话题，无不是同时展现了浪漫、快乐与感动。即便里面夹杂了生离死别之类的伤感内容，最终还是要回归到上述三个要素之中。这种组合既反映了生活的复杂性，又体现了人心对美好的追求。

说到底，用情感话题做口碑营销，就是为了传达一份热爱生活、珍惜真情的美好愿望。这应该是此类创意的核心，而为消费者的情感需求制造话题，也是口碑营销团队的分内之事。

专家视角

我们有理由相信任何一种情感都可能成为分享的动力。与他人谈心往往会加深我们的感受；如果我们升了职，告诉别人会让我们有庆祝的感觉；如果我们被炒鱿鱼，向别人倾诉会帮助我们排泄情绪。分享情感有助于加深彼此的关系。

——乔纳·伯杰

公益话题：正能量永不过时，但用之有道

要点提示

1. 企业参与公益事业有利于树立正面的口碑形象；
2. 用正能量来带动口碑营销，前提是释放出足够的诚意。

社会责任感是口碑的重要组成部分

商家的好口碑是由多个方面构成的。首先是产品本身是否切合市场需求，是否优于竞争对手；其次是服务是否热情周到，具备超出同行的职业素养；再次是企业的运营管理是否规范，企业文化理念是否先进；最后，商家是否有回报社会的责任感与公德心，也是口碑形象的重要组成部分。

最有助于树立商家正面口碑形象的事，就是积极参与公益事业。企业是营利组织，以追求最大利润为宗旨，致力于用更少的资源赚取更多的效益。公益事业则恰恰相反，它不追求盈利，反而要把自己所拥有的资源分享给帮助对象。

从这个角度来看，商业活动与公益事业是背道而驰的。前者是功利的，不免让人警惕对方另有所图；后者是非功利的，更容易让人相信这是无私的善举。

当然，有些人会说，商家搞公益事业是在赚名声，而名声又是一种无形资产，所以归根结底还是为了赚钱。这点不需要否认，因为口碑营销追求的正是这个目标。

好名声就是商誉，商誉即正面口碑。正面口碑的价值虽然无法直接体现为财务账目上的实际收入，但它可以变现为红利。当商家积极参与公益事业，甚至主动制造公益话题时，消费者会从中看到商家的社会责任感，从而对其产生敬意和信赖感。

因此，以公益话题为营销手段，可以让商家在短时间内使信息达到最大传播的效果，并为自己树立一个非常正面的形象。在这个营销无孔不入的时代，消费者既能理解商家打广告做宣传的必要性，同时也会反感过分强烈的商业气息。过度讲究功利的营销方式，会让消费者产生一种情绪上的抵触。而商家借助公益话题来表明自己对公益事业的重视，将会给消费者留下勇于承担社会责任、履行社会义务的“义商”形象。

案例研究

星巴克非常重视以公益话题来带动品牌形象的推广思路，时不时发起一些公益活动来制造话题。

2009年，星巴克发起了“共爱地球”公益活动。活动期间，星巴克发布了以“共爱地球TM故事”为主题的广告海报。通过讲述星巴克咖啡及各类食品原产地的种植者们的生活，向消费者宣扬重视亲情与绿色环保的思想。这让顾客在享受星巴克的服务时，觉得自己是在支持种植者创造更加美好的未来。

2010年，星巴克跟随“绿色消费”的新潮流，组织了以“少用一次性纸杯”为主题的街头公益活动。星巴克在纽约街头广场用咖啡拼成一幅图画，只要顾客在那一天带着自家的杯子去星巴克，就能免费领取一杯咖啡。本次互动得到了广大顾客的高度肯定。

2011年，星巴克在中国的五个城市开展“星巴克全球服务月—绿色社区行动”，呼吁所有市民节约能源、保护环境、关爱老人，共同创建节约型绿色社区。这使得星巴克在企业社会责任事件评选中得到了“最具公众影响力”的称号。

2012年，星巴克携手fousquare 签到助力（RED）发起的一次公益活动。fousquare用户只要在美国或加拿大的任何一家星巴克咖啡店签到一次，星巴克就会向助力（RED）捐出一美元，整个活动计划筹资25万美元，以帮助非洲的艾滋病患者。也就是说，星巴克的消费者仅仅用一个简单的签到动作就能推动一项公益事业。

用正能量打动人心

星巴克积极组织各种公益活动，制造公益话题，成功实现了两个效果：一是提升品牌的口碑形象；二是提高了关注度。

安迪·赛诺维兹教授指出：“最好的口碑话题，是能够引发评论的公司本身，从来都是如此。日久天长和连绵不绝的口碑，是因为它真正浸润了企业的口碑文化。当口碑文化深入到公司的深层结构，转变了业务的思路，改善了与顾客的关系时，公司自然也就声名鹊起了。”

星巴克的一系列公益活动，都成为消费者关注的话题。“星巴克”三个字被消费者视为公益事业的楷模。这种正面形象深深地刻入了消费者的心中。可以说，星巴克通过各种公益话题为品牌注入了具有高度正能量的价值观，并把这份正能量转化为消费者能够感受到的内容。

如今，消费者只要一喝咖啡，就会联想到那个提倡减少使用一次性纸杯，鼓励使用随身携带的非纸质杯的，富有爱心的星巴克。公益话题传递的正能量是一种潜移默化的教育，它让消费者拥有更强的环保观念和爱心观念，使得前往星巴克的顾客人数不断上升。

从表面上看，星巴克参与公益事件与商业活动毫无关系，只是用自己的所得来回馈社会。事实上，这是一种很高明的口碑营销策略，效果比直接打广告还要好，更能够吸引消费者替自己传播正面的口碑形象。

专家视角

从口碑的角度看，慈善活动格外有效，因为它们原本就有自己的口碑谈论者网络。当你与任何非营利组织发生业务联系时，不管是全国性的组织还是单一的小型青年会，那些组织中的人就有了谈论你的话题。他们自有组织，成员参与度高，而且有现成的交流渠道。

——安迪·赛诺维兹

争议话题：让粉丝喜怒无常的双刃剑

要点提示

1. 最容易引发热议的是那些看起来很有争议的话题；
2. 争议话题是把双刃剑，可能迅速涨粉，也可能成批掉粉。

引发争议——最快涨粉的猛药

美国晚间新闻的开场语是："你的地下室中正潜伏着各种健康隐患，想要了解更多信息，请观看接下来六点钟的新闻。"这样说的原因是，电视台制片人认为负面信息更能吸引观众的注意力。所以，传统媒体行业热衷于报道带有负面色彩的争议话题，而新媒体兴起后，利用争议话题来扩大浏览的做法更为普遍。

据悉，很多签约自媒体都是按照流量考核来分账的，必须在一定时期内达到一定的点击量、评论数、点赞数。有些自媒体通过发布优质原创内容来引爆流量，但另一些不具备这种才能的自媒体采取的是抛出争议话题的办法。

经常上网的朋友都知道，任何一点有争议的内容都可能引发几十万人次的评论和上百万人次的扩散。

于是，有些自媒体或营销号就会故意抛出有争议的话题来博眼球，他们的言论往往是违反常识且挑战大众底线的。一部分怀有同样看法的粉丝会疯狂传播这些争议言论，而持反对意见的人则奋起批驳，这就在客观上扩大了该话题的影响力。正反两种意见会像滚雪球一样增加，不同群体的对立情绪也水涨船高，因此得到的用户流量惊人。当达到所需流量标准后，自媒体或营销号就会主动删掉相关言论，仿佛什么事情都没发生。

就这样，他们用最短的时间增长了粉丝、获取了流量，而且还变现出更多收益。如果仅从涨粉效率的角度来看，争议话题的确是见效最快的一剂猛药。

当然，争议话题也并不都是恶意的，比如社交媒体上的“咸甜粽子大战”，只是不同饮食习惯的群众在相互开玩笑，而不是那种抱着敌对态度的争论。商家利用这种非恶意的争议话题做营销，同样可以在短时间内聚集大量人气。

案例研究

卡夫食品的营销团队曾经以“你喜欢卡夫奇妙酱（Miracle Whip）吗？”的问题来做市场调研。按理说，这种问题通常不会让人特别感兴趣，也很难引发什么话题。然而，市场调研的结果却超乎了卡夫食品营销团队的想象。据调查结果显示，顾客对卡夫奇妙酱的看法出现了严重的两极分化，无数消费者对其青睐有加，而另一些消费者则对这款食品深恶痛绝。卡夫奇妙酱好不好吃，俨然成为一个争议颇大的话题。

卡夫食品营销团队反应机敏，立刻调整了原先的广告策略，决定把对卡夫奇妙酱的争议正面展示出来。

2011年，卡夫食品制作的广告邀请到曾出演热门剧集《泽西海岸》的著名演员、政治评论家詹姆斯·卡维尔等社会名人做嘉宾，让他们对卡夫奇妙酱的味道表达自己的看法。

在这则广告中，有些名人对卡夫奇妙酱的美味赞不绝口，另一些人则声称“打死也不吃”。甚至有嘉宾表示，如果女友喜欢这么“难吃”的东西，就决定和她分手。负责推广该卡夫奇妙酱的营销总监萨拉·布劳恩当时总结道：“我们必须正视现实，卡夫奇妙酱是一款争议性产品。”

通过制造争议话题，卡夫食品的努力很快收到回报：广告播放期间，社交媒体相关发帖量激增631%，产品销售量增长14%。

慎用争议话题

口碑营销可以带来天堂，也可以带来地狱。这一点在争议话题营销上表现得尤为明显。不过，争议话题也分为良性争议与恶性争议两种情况。利用良性争议做口碑营销才不会出现太大的风险。

在上述案例中，喜欢卡夫奇妙酱和不喜欢卡夫奇妙酱的消费者，形成了两个观点对立的庞大群体。但就实而论，这样的争议话题并不带有恶意，两大阵营的消费者做到相互理解，可以判断为良性争议。最终的话题营销效果也证实了这一点。

使用争议话题和争议人物做口碑营销时，一定要分清良性争议和恶性争议。如果利用恶性争议，践踏了公众的底线，最终只会适得其反。

专家视角

如果负面评论能够让人们想起某种产品或创意，就会增加它的销量。这就解释了为什么一家知名的红酒网站将托斯卡尼（Tuscan）红酒描述成“臭袜子的味道”后，该酒销量反而提升了5%；也解释了为什么岱宇摇摆哑铃（Shake Weight）遭到媒体和消费者嘲讽后，销售额反倒攀升至5000万美元。如果负面的评价能够让人们首先想起某种产品或创意，那么这样的评论也是大有用处的。

——乔纳·伯杰

第六章

扩散影响：传播引发关注，关注激活价值

口碑的实质是正面的影响力。因此，扩大影响力是口碑营销的关键。如果不能做到有效传播，就无法吸引广泛的社会关注。在这个用户注意力被海量信息分散得支离破碎的年代，不关注相当于自动屏蔽，唯有关注才能促使用户口口相传，真正激活口碑的价值。为此，营销者必须设法扩宽口碑传播的范围，以便提高自己品牌的影响力。

口碑营销是高效的推广方式

要点提示

1. 口碑营销对传统的产品推广方式产生了颠覆性冲击；
2. 口碑传播不仅能让更多人知道你的产品，还能把更多用户转化为你的忠实粉丝。

口碑传播的效率和影响力

想让某个事物在社会上流行起来并不容易，思想、行为以及产品都是如此。一开始，只有几个人或少数组织知道该事物，然后逐渐扩散到更多人群。如果采用快进镜头观看事物的流程过程，该事物传播的路径就呈现出开枝散叶的形态。然而，新事物实际上的流传过程可能经历了漫长的岁月，需要很多代人来见证。

有的东西能大行其道，有的则日趋式微。这种情况在产品的营销推广方面表现得尤为明显。

商家倾注大量时间、金钱、人力来推广的产品往往昙花一现，一些看似不起眼的产品却莫名其妙地流行起来。其中的奥妙，营销专家们至今也无法彻底弄清楚。唯一可以确定的是，那些“黑马”能以较低的投入取得超乎预期的战果，靠的是口碑传播的力量。

比如，《博物》杂志的月发行量本来只有几万册，但由于新媒体营销做得用心，官方微博“博物君”树立了科普达人的口碑，所以杂志的月发行量猛增至22万册。这是传统广告难以达成的效果。由此可见，口碑传播是最能扩大产品影响力的推广方式。

理论上说，商家在广告上投入越多，产品被消费者关注到的可能性就越大。在过去的确是这样，可是在今天，商家在传统传播渠道做的广告再多，也不一定能提高产品的传播力度。即使在新媒体这个口碑营销的主要阵地，企业投入的资源多也不等于能取得好结果。

案例研究

以下是海尔前新媒体总监李强强与记者的一次对话。

记者：很多企业公众号的定位是既要面向B端用户，又要面对C端用户。其实一个公众号只有一个定位，如果公司要把这两个方向的内容和活动都放到一个公众号里，有什么好的建议吗？

李强强：每一个传播主体，都应当变成一个IP。没有B和C的区别，因为你的读者是“人”。

记者：比如说一个美发O2O产品，运营发型师的活动和运营女性用户的活动以及内容，放在一个公众号里是有问题的。

李强强：融合在一起。不要分开放头条、二条。编辑的天职就是把狗屎炒出红烧肉的味道来。

记者：我有个问题想请教一下。当一个企业公众号平台粉丝积累到一定数量后，是否有必要组织粉丝微信群、论坛之类的东西，作为粉丝的沉淀？

李强强：我不认为订阅号的关注者是粉丝。粉丝是营销界的术语。我认为他们是读者，或者朋友。不是粉和被粉的关系，而是某个观念认同之下的一个群体。内容是个筛子，漏下来的那些，用互动留住。时间久一些，黏性达到了，再考虑其他的出口。

记者：我看了很多同行的号，感觉他们都不太理想。

李强强：很难用简单的几句话分析出某个订阅号应该怎么做。我觉得，应该具体分析，做情绪测试、社交压力测试，不断调整，最后找到一个路径。注意，这个路径一定不可以是几方妥协的结果。

你小看了口碑营销吗

口碑营销不是今年才提出的概念，但无论这个概念怎么被媒体热炒，真正重视并践行它的商家并不多。

安迪·赛诺维兹教授对此感叹道："口碑对生意的影响，比你认为的要大得多。不幸的是，大多数企业没有对口啤做出恰当的评价，因而在面对口碑时，并不总能认清这就是口碑。事实上，大多数营销报告根本就不提口碑营销。口碑的作用，我认为是'隐藏不露的统计数字'。"

确实，口碑看不见摸不着，难以量化。销售业绩的提升是多种因素综合作用的结果，口碑在其中起到多少作用，实在不容易被准确地评估出来。

为此，安迪·赛诺维兹教授呼吁道："我们要这样定义口碑营销，它是一种最高层面的营销科目（如广告、销售和公共关系），将所有已经在这一科目下独立运作的营销手段结合在一起。主动将这些营销策略手段纳入口碑营销这一概念之下，可以使目标更为清晰，效果更为显著。口碑营销不仅应该在各种主流营销技术之中占有一席之地，而且应该列在首位，因为它最便宜、最有效，与顾客的关系也最好。"

口碑营销活动的回报率无法用数学公式计算，因为它几乎没有正式的费用预算和支出。口碑营销的参与者既包括公司员工，也包括消费者。后者往往才是口碑营销的主力。这导致商家往往低估口碑营销的效果，没能坚持这个有效的策略。对于这一点，我们应该尽力避免。

专家视角

知道口口相传的最佳优势是什么吗？就是人人皆可以使用。从努力提高业绩的世界500强企业，到想要招揽顾客的街角餐馆，从开展反肥胖运动的非营利机构，到希望成功当选的政坛新手，口口相传都颇具价值。它能够掀起流行的浪潮，甚至可以帮助B2B公司在已有客户的基础上发展新的客户。同时，口口相传并不需要抛重金打广告，它只需要人们开口。

——乔纳·伯杰

拓宽传播范围，提升口碑的影响力

要点提示

1. 口碑营销有着强烈的社会属性，社会传播是打造口碑的基础；
2. 跨界联合推广有助于提升企业口碑的影响力。

口碑的本质是社会影响力

口碑营销从诞生之日起就有着强烈的社会属性，口碑红利根源于社会传播。只有经过广泛社会传播并对大众形成了影响力的信息，才称得上口碑。从这个意义上讲，一款产品的口碑指的就是其社会影响力。为了让产品获得更大的社会影响力，我们做口碑营销时必须扩宽销售信息的传播范围。

社会传播是一个泛泛的概念，指的是信息在人与人之间的口口相传。社会传播并不拘泥于单一的形式或路径。你跟旁边的同事谈论某个品牌的手机，他在网上分享关于苹果、华为、小米、三星等品牌手机在2016年上半年的销售业绩，都算是一种社会传播行为。相关产品的口碑就是在社会传播过程中形成的。

根据美国口碑营销研究者的统计，消费者有20%至50%的购买决策主要受口口相传的产品信息影响。由此可见，产品的社会影响力是消费者购物时的重要决策依据。

进入电子商务时代后，人们越来越依赖网购渠道。网上商城里的产品打几颗星，用户反馈的口碑如何，往往决定了该产品能否在市场上流行起来。也许，销售排行榜第一位的产品并不是整个网上商城里最优秀的产品，但其本身质量和性能满足消费者要求，又得到了较高的评分，于是获得了更高的曝光率。对于那些没有精力仔细排查所有产品好坏的消费者而言，选择好评率最高的推荐产品是一个省时省心的做法。这样一来，那些原本不错但曝光率不够的产品就会被屏蔽在消费者的备选答案之外。

人们每天都会以口口相传的形式扩散信息，但大部分信息都会被你过滤掉，只接收少数感兴趣或者有用的内容。纷繁杂芜的信息分散了消费者的关注点，这对口碑营销形成了一大挑战。如何让你的产品信息在众多信息中脱颖而出，形成较强的社会影响力，是口碑营销最主要的课题。而扩宽传播范围是一个比较常见的做法。

案例研究

中老年奶粉一直是雀巢集团的重要产品之一。我国许多老年人经历过苦日子，养成了勤俭节约的消费习惯，哪怕晚年有钱了也舍不得花。所以，雀巢营销团队的营销策略是鼓励子女尽孝，让中青年消费者为父母长辈购买老年用品和老年食品。

为了扩大中老年奶粉的口碑影响力，雀巢以多种方式扩宽了产品形象的传播渠道。

雀巢制作了一部长达12分钟的微电影《老爸来了？！》，表达了一个“微孝”的概念。所谓“微孝”，指的是“微小的孝顺”，即孝敬双亲从点滴的小事做起。如今的年轻人普遍工作忙碌，很多人远离家乡到外地闯荡，没有时间陪伴父母。《老爸来了？！》这部微电影就以这种社会现象为切入点，通过剧中人重新认识父子亲情的故事，带动了消费者的情绪。

这部微电影由北京开心麻花娱乐文化传媒股份有限公司的舞台剧演员沈腾主演。沈腾主演的电影《夏洛特烦恼》在2015年非常火爆。雀巢中老年奶粉成功借助了沈腾的明星效应，把自己的品牌做了跨界推广。

除此之外，雀巢集团与开心麻花联手开展跨界合作，对双方的线上线下进行了整合，共同向消费者传达“微孝”的观念。在活动期间，观众如果去剧院观看“开心麻花”的话剧，就能凭门票领到雀巢的产品。此举不仅拓宽了雀巢中老年奶粉的口碑传播范围，也让“开心麻花”的影响力扩散得更广。

让口碑传播更为便利

火虽有燎原之力，可是如果不持续往里面添加燃料，很快就会熄灭。口碑和火一样，有着难以估量的惊人力量，但它不会自动流传久远，而会像其他信息一样在传递过程中不断损耗。口碑营销的难点之一就是保持口碑的长时间流传。营销团队的任务是想办法让口碑传播变得更为便利。跨界寻找合作者，让更多的口碑讨论者参与进来，扩宽口碑传播渠道，是一种重要的思路。

在上述案例中，雀巢集团与开心麻花文化公司进行了跨界整合，把自己的营销信息植入到对方的产品当中。这等于是将彼此产品的影响力扩散到对方的市场受众群体那里。

推动口碑传播的工具并不复杂，除了新媒体平台上的互动之外，还可以通过传统的电子邮件推送，或者借助有奖活动或赠品等形式。在这个过程中，最不容易做到的是找到有兴趣谈论口碑的人。很多消费者不一定会自发谈论你的产品，企业需要以上述某种形式来“请求”或“引导”，他们才会注意到你的想法，进而成为口碑谈论者。

其实，许多消费者喜欢通过参与活动的方式来提高成就感，如果商家能主动邀请，他们就会觉得很有面子，然后志愿帮忙。假如商家只是被动等待，就无法让大多数人参与到口碑传播的活动中。

专家视角

互联网（营销）思维的核心是高度关注消费者。消费者满意，就会通过社交媒体进行评价、分享，成为我们实际上的传播人员，从而影响其他顾客群体的购买决策。我们总说最好的营销是口碑营销，做100次广告不如一个熟人推荐。但过去传播力度不够，口碑营销很难真正实现。现在互联网和社交媒体让每一个消费者都成了一个传播平台，我们就可以把口碑营销做到极致。

——三只松鼠创始人兼CEO　章燎原

转发抽奖加好友，以老粉丝影响新粉丝

要点提示

1. 奖品激励对提高网友的关注度有较好的效果，但不能滥用；

2. 借助旧粉丝的力量来吸引新粉丝，有时候比企业亲自上阵的效果更好。

口碑营销该不该用物质奖励

这个问题在营销学界是见仁见智的。你现在上网搜索，可以很快找到大量商家在社交媒体上开展有奖活动的案例。既然实践者那么多，说明拉拢粉丝不能只谈情怀而不讲实惠。现在的粉丝见多识广，且比较现实，不会白白浪费感情和表情。假如企业太抠门，只想着用情怀来空手套白狼，就会越来越难做。

但是，安迪·赛诺维兹教授有不同意见。他认为："向顾客提供物质刺激，以换取你的产品的口碑，通常是错误的。原因是他们拿了报酬那么做，会感到有些'不干不净'。有些东西是不能拿来卖的，例如友谊、某些种类的照顾，以及对你的推荐。人们参与口碑活动，是因为他们爱你，或者是因为这样做的感觉很好。如果你给推荐者物质奖励（如折扣券、购物积分和航空里程积分），这事就有点尴尬和令人不快了。"

应该说，安迪·赛诺维兹教授的顾虑并非毫无道理。在粉丝眼中，他们和自己热爱的企业品牌形象代表（即官方微博、微信公众号等宣传平台）更多的是朋友的关系，其次才是交易双方的关系。如果什么都用金钱或实物来交易，岂不是又变回纯粹的销售员与买主的关系了吗？

但是，完全抛开物质奖励，粉丝就成了白跑腿的产品口碑搬运工。朋友不光要讲感情，还要互惠互利。连这点诚意都没有，友情很难保持长久。因此，许多商家一方面注意不把物质奖励当成促进口碑营销的主要手段，另一方面又注意给粉丝一些小恩小惠，以便让他们保持口碑传播的热情。

案例研究

2016年1月28日，支付宝春晚“福卡”正式上线，立刻引起了巨大的轰动。

支付宝发布的集福规则如下：

（1）成功邀请8个好友，可获3张福卡。

（2）好友间可以互送福卡。

（3）集齐5种福卡就可以平分2亿现金（后改为2.15亿）。

这个活动最诱人的地方就是集齐5种福卡的人可以瓜分现金红包。2亿多元人民币的奖金是个很庞大的数字，就算有超过一百万人参与活动，你也有希望分到几百元。在奖金的激励下，支付宝“福卡”很快引爆了社交圈。大家纷纷增加自己的好友数并把消息扩散到朋友圈，你加我，我加你，给好友赠送福卡促进感情。由于用户的高度参与，集体求福活动越发热火朝天，营销传播力度异常强大。

然而，人们在活动中很快发现，集齐五福并不是一件轻松的事，多数人最后都差一张“敬业福”。这意味着没有多少人能达到瓜分2亿现金红包的资格。于是，所有活动参与者都把希望寄托在支付宝与央视春晚在除夕之夜合作推出的“咻一咻”抽“敬业福”的游戏。结果，大部分人“咻”了一晚上，还是缺少一张“敬业福”。

支付宝这次营销活动利用朋友圈转发抽奖赢得了许多点击量，用户们参与热情很高，也积极传播口碑。尽管后来人们因支付宝在“敬业福”上设卡太多而转喜为怒，导致营销活动虎头蛇尾，但这种营销策略的确能够让销售信息迅速深入人心。

奖励只是手段，传播才是目的

有奖活动只是以物质激励为手段，根本目标依然在于营销。在上述案例中，收集福卡活动中的奖品只是一个诱因，其真正目的是促使大家把信息扩散到自己的朋友圈里。

其实，对于消费者而言，转发、抽奖同时通知三位好友的做法，也是一种促进社交关系的行为。你通知的三位好友会认为他们在你的心中占据着最优先的地位，如此一来，你和他们三人的情感纽带就会加深。

用户通过更多的社交互动来提高获得奖品的概率，而支付宝借助用户主动扩散信息的行为来传播影响力。增加点击量与品牌覆盖范围才是本次活动的宗旨。单从传播口碑的角度来说，这次活动把信息扩散给了成千上万的消费者，基本实现了支付宝的意图。

专家视角

这款产品不只是好，简直是好极了，我不得不和别人分享。我向不喝普通牛奶的朋友推荐丝乐可杏仁奶，并且赠送优惠券，让他们也买来尝尝。我这么做不是受人逼迫，没有人在背后监视我必须向别人推荐，我只是很喜欢这款产品，并且相信别人可能也会喜欢。

——乔纳·伯杰

借助网络红人来传播口碑

要点提示

1. 网红经济与口碑营销有着千丝万缕的关系；
2. 借助网络红人来扩大口碑影响力已经成为众多商家的常用手段。

网红：口碑营销的榜样

网络红人简称“网红”，是互联网社会的一个特殊群体。互联网颠覆了传统社会的很多东西，在传统社会中，名气大的往往是有地位或有财富的人，而在互联网的生态系统中，这些人的人气却未必很高。相反，许多没钱没势的草根人士凭借自己的个性、创意、才华赢得了众多拥趸，成为网络世界中一呼百应的名人。这便是令人难以琢磨的网红现象。

网络红人不同于传统商业模式包装出来的明星，他们的出现毫无征兆，几乎没有规律可循。假如你系统地统计分析已经成名的网络红人的各项信息，然后提炼出成为网络红人的基本要素，再去观察那些符合条件的无名小卒，就会发现根本预测不准。

互联网经济环境就是那么不按常理出牌，与某个网络红人特点接近的人就是红不起来，甚至网络红人自己最开始都没考虑过成为网红，也不知道自己随手发的哪条微博、哪个视频会突然成为热门话题。再高明的营销专家也猜不中谁是下一个网红，唯一能确定的是，每一位网红的崛起都是大众口碑的胜利，而网红的庞大人气正是商家梦寐以求的粉丝力量。

网络红人的粉丝往往对偶像有很高的关注热情，乐于传播他们提供的内容，为其扩大口碑传播范围。网红的粉丝通常很信赖网红推荐的东西，并愿意为之消费。他们会逐渐形成比较稳定的圈子，价值观和消费偏好也会越来越趋同。假如商家能赢得网红的公开支持，那么网红的粉丝团将成批地转化为商家的品牌支持者。

若能妥善经营这笔特殊的客户资源，商家就能获得一个比较稳定的细分市场，把口碑营销做到极致。

案例研究

2016年上半年，网络红人中最有代表性的人物是自称“一个集美貌与才华于一身的女子”的papi酱，甚至有媒体称其为“2016中国第一网红”。

papi酱从2015年10月开始用变音器制作原创真人秀短视频。她非常善于抓社会热门话题，能用犀利而幽默的语言说出大家如鲠在喉的心里话，还以丰富的肢体语言与表情配合吐槽。凭借这些特点，papi酱在互联网上迅速走红。

2016年3月，papi酱团队获得了来自真格基金、罗辑思维（知识类脱口秀自媒体）、光源资本和星图资本等单位的1200万元人民币的融资。虽然不久之后，广电总局以节目中有大量粗口等理由要求papi酱整改节目内容，但papi酱团队以积极态度配合整改，很快重出江湖。其节目减少了粗口，但依然保持着鲜明的个人特色与优良的内容制作水平。

2016年4月21日，papi酱与合伙人——罗辑思维创始人罗振宇进行了首次招商活动，拍卖第一次视频贴片广告权，最终拍卖价格高达2200万元人民币，几乎相当于起拍价的100倍。papi酱随后决定将拍卖所得的2200万元净利润全部捐给自己的母校——中央戏剧学院。

2016年6月13日晚，papi酱开启了“网红+电商”的新路子。她发布了名为“papi酱的影评系列视频又来啦！我把《魔兽》给看了！！！”的视频，并在文章结尾处打起了小广告：“papi同款寡妇公会T恤，可在某宝店铺搜索‘papi酱心智造’，今日18：30准时发售。”

就在当天晚上18点30分，淘宝“papi酱心智造”店铺正式开卖3款魔兽主题印花短袖T恤，每款定价99元，限量99件。这些T恤在短短36分钟后就全部售罄。

相互借力，锦上添花

商家与网络红人的合作，本质上是一种相互借力的行为。商家有一定的品牌影响力与比较雄厚的财力，网络红人有很强的社群影响力和庞大而稳定的粉丝资源。双方各有优势资源，只不过网络红人拥有的更多的是无形价值，还需要通过商业合作来变现为实际的经济价值。

站在商家的角度，口碑营销做起来不那么容易，因为大部分销售人员并不像网络红人那样善于引发大众的关注和支持。那种一呼百应的影响力本身也是一种口碑，商家很难直接得到这种影响力，所以要与网络红人展开优势互补的合作。

对于粉丝来说，网络红人也许就是他们心中理想的自己。网络红人认可的东西，往往也会被他们认可。假如商家能与网络红人达成合作，相当于掌握了数十万甚至数百万的潜在消费者。

通过相互借力，网络红人能得到商业赞助，而商家的口碑营销也将进入一个新台阶，这对双方来说是锦上添花的好事。此外，网络红人可以跟多个商家合作，商家也可以跟多个网络红人合作。借助这种方式，商家就能把自己的口碑影响力传播到不同的粉丝队伍里，影响的人群有望突破千万级规模。就算只有百分之一的粉丝转化为产品用户，由此带来的综合收益也非常惊人。

专家视角

当下网红现象的实质，主要是基于特定人群兴趣点的社会化媒体传播。这种传播往往具备更符合互联网传播规律、迎合网络文化/亚文化、传播本体有个性潜力等特点，因此会取得比较好的传播效果，也会被更多的商家和企业看中。

——NewMedia新媒体联盟合伙人　赵亮

趣味吸引+利益驱动

要点提示

1. 大众最喜欢关注及分享有趣味性的事物和有实用性的内容；
2. 做口碑营销需要“接地气”，为粉丝们提供一些有实用价值的内容。

被吸引的原因：有趣，有用

乔纳·伯杰教授说：“人们分享事物可能有两个原因，一是有趣，二是有用。”这句话可以换个角度来理解，人们乐于分享吸引自己的东西，而自己被吸引的主要原因是那种事物有趣或者有用，或者两者兼具。

美国口碑营销研究者为此专门做了一个实验，按照趣味性与实用性给一组文章打分，然后用大数据工具来自动统计分析各篇文章的转发量。根据统计调查结果，最有趣的文章被转发的概率比平庸的文章要高出25%，而最有用的文章被转发的概率要高出30%。

现代社会的物质文化产品极大丰富，消费者的需求从大众化趋于个性化和精细化。再加上生活压力比较大，人们更需要趣味性的信息来调剂生活。

比如，社交媒体上把猫称为“喵星人”，把养猫的人戏称为“铲屎官”。许多养猫的人会分享爱猫的照片，喜欢猫的网友会每天评论和转发关于猫的美图和视频，同时调侃各位“铲屎官”与宠物的日常生活。许多营销号借助“喵星人”与“铲屎官”等话题来吸引粉丝，提高用户流量，以便带动销售活动。

如果说趣味性内容满足的是用户的心灵需求，那么实用性内容满足的就是用户的实际需求。

在这个发展节奏日新月异的社会，知识在不断迭代，新情况层出不穷。人们不得不努力学习新知识、接受新事物，以求更加适应生活工作环境，更好地生存发展。人的精力在海量的知识信息面前显得极为有限，所以，除了有趣的东西外，大多数人都会过滤掉那些缺乏实用性的信息，而倾向于接收“有用”的内容。

所以，企业策划口碑营销时，要注意营销内容的趣味性与实用性，两者至少居其一。

案例研究

做口碑营销需要“接地气”，与用户打成一片。口碑营销的本质是营销，核心工作是树立口碑。这就意味着企业营销团队必须学会克制自己的销售心理，专注于核心用户与产品来做内容。小米公司的口碑营销就是这么做的，他们不把社交平台当成新产品信息发布栏，而是将重点放在引爆用户参与感上。

小米微博矩阵的每个账号的每天平均发文数通常在8条以内，其中至少4条是原创内容。不同于其他的营销号，小米新媒体账号从来不发跟产品无关的网络段子与心灵鸡汤励志文，而是运营一些具有互动性、参与性、新闻性的内容。

在小米营销团队看来，一个新媒体营销号老是发与产品无关的信息是一条岔路。很多微博大V与微信公众号喜欢经常发一些心灵鸡汤励志文和恶搞段子，在短期内能很好地引起广大网友的关注与参与。然而，当这些营销号开始发布正式的产品信息时，却变得无人问津。原因不复杂，那些营销号扩散的只是心灵鸡汤和恶搞段子的影响力，而不是产品本身的影响力；其只是一味地讨好大众，而不能给产品以及产品的核心用户提供更有格调或更有实际利益的东西。

小米微信公众号一直追求产品的传播，并要以此拉动销售。为此，小米只是围绕核心用户的需求来做内容，进而提升小米用户的存在感与参与感。而许多营销号只是片面追求品牌的曝光度和美誉度。这使得小米在企业营销号中显得比较异类，但消费者觉得小米给的信息很有用，于是会主动分享给自己的朋友。小米产品的口碑影响力因此被传播得更广。

提高趣味性，增加实用价值

有的内容供应者能写出信息量丰富且具有实用价值的东西，但并不能引发人们的广泛传播，反倒是一些看似有理有据实则漏洞百出的东西更常被人们分享。出现这种尴尬局面，主要是前者的趣味性不够，表现手法太过枯燥。

现在的公众号经常写一些语不惊人死不休的标题，被读者吐槽为故弄玄虚的“标题党”。但不可否认，有趣的标题就是能吸引你点开页面，插科打诨行文风格更可能引导你浏览完全文。

所以，只有提高内容的趣味性，才能吸引更多人的关注。但是，光有趣味性只能虚火一时，很快就会陷入缺乏后劲的短板。

大多数人都会把自己认为有用的内容分享给好友，尽管他们自己可能只是看了简介部分。这种现象早已被美国口碑营销研究者察觉。乔纳·伯杰教授分析道：“人们喜欢互相帮助，我们为他人提供建议或分享信息，希望他们受益。当然，这种做法有时候含有自私的成分，我们认为自己是对的，忍不住要帮人一把。但是，有时也并不是为了我们自己，也有利他的成分在内。我们人性本善，关心他人，希望他们的生活更加美好。”

由此可见，口碑营销团队提供的具有实用价值的内容，也是用户们帮助亲朋好友的重要道具。如果你的内容靠谱而有用，大家会非常乐意去主动传播它，替你打造业界良心的口碑。

专家视角

一旦选择付钱让人们做某事，你就将内在动机排除在外了。人们喜欢谈论自己喜欢的公司和产品，无数人每天都在这样做，并且无须付费，无须激励。但是如果他们推荐给其他顾客就可以从你这儿得到好处，他们愿意免费这样做的兴趣就消失殆尽了。

——安迪·赛诺维兹

让口碑传播可视化，效果更佳

要点提示

1. 让内容变得可视化，更符合新媒体时代的信息传播特性；
2. 可视化内容让营销信息更加具有可观察性，从而更容易被观众们广泛传播。

可视化表达——新媒体时代的传播新趋势

据统计，我们获取的60%～70%的信息是通过图像方式来展现的。“读图时代”已经降临，各路商家发布的营销信息，要么是配有趣味插图的生动文字，要么是把所有文字、图片整合成一张长图，要么是更加生动的微视频。无论哪种形式，都在迎合我们的碎片化阅读习惯，设法替大家省略把文字在脑海中转化为图像的步骤，激发更多人的阅读兴趣。

在“读图时代”做深度内容的基本套路是：先把深刻的东西分解成碎片，然后再重新组合成便于手机浏览的内容。

如今的很多自媒体都大大增加了图片、视频等可视化信息在发布内容中的比例，务求让读者看一遍就能抓住重点、明白结论、增长知识。就连政府机构的官方微博都学会了用漫画与动画短片的形式来宣传重要的政务信息，向群众讲解相关的政策。毫无疑问，在移动互联网占有大部分流量的今天，自媒体和营销号只有顺应“读图时代”的潮流，才能赢得更多的点击量、评论数、转发数和点赞数。

这种以可视化表达为主导的传播手段，对口碑营销有着深远的影响。可视化传播的最大优势是易读性，用户不需要太高的文化水平与专业训练就能理解内容。你的产品信息越容易解读，就越容易被分享和传播。甚至可以说，营销内容的易读性决定了口碑传播的效果。

为此，不少商家开始用长短不一的直播节目来引爆用户流量，以便把口碑传播给更多的潜在消费者。

案例研究

阿里巴巴发起的双十一购物狂欢节已经成为电商行业一年中最大的节日消费盛典。在11月11日这天，全中国有4亿多人为网购而忙碌。在11月11日零点来临的那一刻，超过9.8万个商家熬夜营业，超过120万名快递员等待收单，全球的银行系统为购物狂欢节提前反复进行压力测试。不可计数的消费者则紧盯着电脑、手机屏幕上抢购的倒计时，等待一年一度的抢购机会。

为了让消费者在等待时间内不那么无聊，也让节日氛围更加热烈，阿里巴巴从2015年开始推出了类似春晚的直播晚会，凭借“娱乐+电商”的互动方式吸引了广大观众参与。根据阿里巴巴高层透露，2015年的“双十一”晚会，带来了数百万互动，新增用户注册数是平时的20倍以上。

阿里巴巴集团首席执行官张勇在2016年的“双十一”启动发布会上称：“‘双十一’发展至今，我们已经没有把低价作为营销点了。‘双十一’是一种氛围打造，是一种生活方式引导。我想这才是最重要的。”

在2016年的“双十一”晚会上，阿里巴巴集团请来了科比、贝克汉姆夫妇、斯嘉丽·约翰逊、李宇春、SNH48、TFboys等国内外体育界、娱乐界的明星参加。直播晚会把明星、游戏、红包、直播等元素融合在一起，充分调动起消费者的购物热情，让大家觉得在这个时间里购物是必须完成的仪式。

在这场长达三个半小时的晚会中，有关“双十一”的话题关注度与店铺的流量一直持续攀升。许多商家通过晚会刷新了自己的销售记录。比如，这次晚会总冠名商上海家化旗下全品牌（包括佰草集、高夫、六神等）在2015年“双十一”全网销售额突破一亿元，与2014年“双十一”相比，增长幅度超过300%，令人惊叹。又如，海尔天猫旗舰店的“双十一”全店销售额仅仅6分钟就突破1亿人民币，79分钟就突破了5亿人民币。

截至11月11日01:00，2016年“双十一”购物狂欢节的销售额已经达到了435亿。晚会产生了68亿次互动。正如阿里鱼总经理应宏所说：“‘双十一’是一个快乐的节日，就像‘双十一’购物节一样，数字是一个自然的结果。”最终，2016年“双十一”销售额高达1207亿，创造了全新的记录。

提高营销信息的可观察性

可视化媒介表达的信息传播能力远远强于文字，而且动态的可视化表达（动画、视频、游戏、现场活动等）又比静态的可视化表达（图片、漫画等）效果更强烈。这是因为，理解文字靠的是抽象思维，可视化媒介表达的信息是直观而形象的，更好懂，也更好记。换言之，企业发布的营销信息具有更高的可观察性。

《疯传——让你的产品、思想、行为像病毒一样入侵》一书中写道：“可视性对口碑传播有推波助澜的作用。越容易看到的事物，就会有越多人谈论。可观察性还会刺激人们的购买欲望，激励人们采取行动。正如我们在诱因一章谈到的，环境中的线索不仅会促进口口相传，还会提醒人们，他们早就想买的事物或想做的事情。但是，如果看不到能够唤起记忆的诱因，你很可能会将要买的东西抛诸脑后。产品或服务更容易让人看到，就会诱导更多的人行动起来。”

根据这个原理，我们在制作内容时应该努力提升其可观察性，让消费者看到能够唤起他们记忆的诱导因素。可视化口碑传播策略是一个已经被实践证明非常有效的做法。所以，口碑营销团队中应当有人掌握制作视频、动漫等可视化传播手段的技术。这样才能给消费者提供更多看得见的惊喜，激发他们“买买买”的潜在欲望。

专家视角

内容越有趣，越容易得到转发。请试一试制作可以将营销信息插入网页的声音、动画、电子明信片、剪贴代码等。这些可插入网页的东西被称为“微件”(Widget)。口碑谈论者得到的谈资越多，他们越容易讨论起来。同样重要的是，他们是从你这儿得到言辞和图像谈资的，所以你对口碑交谈的内容和表现形式就有了一些控制力。

——安迪·赛诺维兹

第七章

互动参与：坚持与客户沟通，口碑才能深入人心

从传播的角度来讲，互动是口碑营销的生命。口碑营销通过满足广大用户的参与感来激励他们持续传播营销信息。互联网社会的基本精神是平等与交互。营销宣传如果还停留在只说不听的阶段，不放下架子与用户进行深度互动，就无法与用户打成一片。他们也不会帮你去传播口碑。只有坚持与客户沟通，口碑才能深入人心。

分享与互动——口碑营销的必由之路

要点提示

1. 分享资源与信息不仅是互联网的基本精神，也是口碑营销的原动力；
2. 没有充分的互动，产品口碑根本无法得到有效传播。

分享：口碑传播的动力

人们推动口碑讨论的三个基本动机，都可以解读为一种分享行为：喜欢你的产品，所以要将这个物有所值的东西分享给其他人；希望在人们面前展示自己，于是通过分享关于商家的情报来体现自己的不俗；希望结识更多有共同语言的人，故而通过分享内容来寻找兴趣相投者。不难看出，口碑之所以被口口相传，就是因为大家怀着不同的目的来分享它。

互联网的一个基本精神就是共享精神。大家彼此交换信息，共享资源，纵然相隔在五湖四海、大洋彼岸，也能为同一个趣味话题捧腹大笑，为同一个悲伤话题相互慰藉。

在沟通中分享，在分享中交流，把你看到的有用信息和我收藏的好东西贡献出来，共同从中受益。互联网的共享精神促使着越来越多的人上传手头的资源，也激励无数人发挥创意来点亮分享者的生活。在不知不觉中，人们获取信息和知识的主要来源从传统媒体变为了社交媒体。每一次无心的转发和评论，说不定都在为某个潜在的热门话题造势，为某个人传播美名，为某家企业传颂口碑。

做口碑营销的人应当认清这个形势，并积极贯彻互联网的共享精神。无论是哪个品牌，都要通过不断跟粉丝客户分享信息和资源来加强他们对品牌的向心力。商家唯有舍得分享，才能赢得众人的支持。为此，有远见的企业不仅会经常性地向广大粉丝客户提供最新消息，还会主动构建资源分享平台，与他们打成一片。

案例研究

华为集团以重视技术研发著称，在粉丝营销方面也有自己的特色。小米把自己的产品发烧友称为“米粉”，而华为很早就把自己的铁杆粉丝称为“花粉”，并积极组建与广大用户进行互动的平台——花粉俱乐部。

从论坛博客时代到新媒体时代，华为的花粉俱乐部无论怎样更新升级，都一直坚持开展“强关系”社交。花粉俱乐部的官方简介写道：“花粉俱乐部是华为官方唯一的以服务花粉为宗旨的综合性网站，提供最新的华为手机产品资讯，最丰富的应用软件主题游戏EMUI ROM资源，最丰富的花粉活动信息。”由此可见，花粉俱乐部既是华为向用户展示新产品的重要平台，也是收集无数“花粉”反馈意见的主要渠道。

花粉俱乐部从2016年10月28日开始发起了名为“趣味美拍很nova”的有奖互动，截止日期是11月13日23:59:59，奖品是全网通版的香槟金（白）的“HUAWEI nova 4GB+64GB”手机。活动方式是在花粉俱乐部相关主题帖子里上传两组自拍美图，一组是未经处理的“No”篇自拍相片，另一组是使用手机自带的“美妆”“美肤”等模式拍摄的自拍相片。拍摄工具必须是华为或荣耀的手机。

通过这种富有互联网社交媒体色彩的有奖互动，广大“花粉”既享受了晒自拍照的乐趣，也充分展示了各款华为或荣耀手机的拍摄功能。华为集团与消费者打成了一片，口碑也在分享自拍照片与互动交流中自然而然地形成和传播。

互动是为了分享

口碑营销不是单方面宣传就能完成的任务，必须通过不断互动才能完成。这样才能把营销信息传播给更多的人。毫不夸张地说，以“转告朋友”为目的的互动行为是口碑营销的核心。

与用户缺乏互动的商家，如同一潭死水。死水找不到汇入大江大河的出口，更别说投入大海的怀抱了，迟早会变得干涸。懒得与用户进行互动的企业，新媒体平台设计得再漂亮，也是毫无生气的花架子。消费者希望与商家进行深入沟通，了解更多的信息，获取更多的价值，这一切唯有通过双方互动才能完成。

互动的目的是为了增加分享人数，提高传播效率。当消费者在企业新媒体平台上与你互动之后，他们会把你的信息分享到其他平台上。而与他们互动的人又会有样学样地再次分享。这就是口碑传播的实际路径。公司口碑营销团队只有积极参与互动，积极回复任何希望交谈的粉丝的问题，粉丝的分享热情才会被真正触发。

需要注意的是，口碑营销团队在互动过程中不要把自己视为主宰者，而应该放低姿态，与广大粉丝平等地交流。那种盛气凌人的态度不叫互动，而叫欺负人。连平等对话都不会，公司口碑若是能好起来，才是怪事。对于这一点，我们一定要高度重视。

专家视角

想要有好的口碑，就必须参与进去，必须做好准备，与任何想交谈的人对话，谈论他们想讨论的任何话题。在这个问题上，正确的做法应该是，学会如何做出回应和参与进去，而不是试图管控和主导。参加口碑对话，不再是如何管理别人正在说什么，而是要自己开口发出声音，向别人显示出你懂得如何正确地参与讨论，从而赢得他们的尊敬（不一定是赞同）。

——安迪·赛诺维兹

互动对象：那些喜欢谈论你的人

要点提示

1. 口碑营销的互动对象是那些喜欢谈论你的人；

2. 企业的营销策略应该围绕着特定的互动对象来设计。

找出喜欢谈论你的人

分享与互动是口碑营销的左脚和右脚，没有它们，口碑营销就寸步难行。不过，世界上的人那么多，营销团队不可能跟所有人都进行交流，必然要选择合适的互动对象。对于商家而言，最有互动价值的人是那些喜欢讨论你的人。口碑谈论者的发言动机各异，兴趣点大相径庭，与他们进行互动是一件轻松愉快却又不简单的事。想要做好互动，首先得找出那些喜欢谈论你的人。

通常来说，口碑谈论者主要分为以下几类人群：

1. 对产品和服务感到满意的顾客

这是最常见的一种口碑谈论者。就算他们是第一次接触你的产品，也会很快成为老顾客。当然，很多顾客对你满意，但是不怎么爱发言。你需要从他们当中找到那些喜欢高谈阔论的人。

2. 喜欢在热点消息下面发评论的网友

这些人不一定是你的产品用户，而且给出的评价可能有正面的也有负面的。只要社交媒体上出现关于你的话题，他们就会积极参与。如果话题对你有利，他们将是正面口碑的助攻队友；如果话题对你不利，他们将是“墙倒众人推”里的“众人”。

3. 使用有你公司LOGO的产品的发烧友

现在的商家喜欢把LOGO印在帽子、T恤、手提袋等物品上。如果某位行人拥有以上的其中一种或几种物件，他就自动成了你的广告宣传帮手。你的品牌LOGO将出现在他们经过的所有公共场合，给其他路人留下不同程度的印象。这也是一个口碑传播过程。

4. 公司内部的优秀员工

公司员工最熟悉自家的产品和服务，可以为其他类型的口碑谈论者提供详细的数据和谈资。有些员工的企业使命感很强，不遗余力在网上发起关于本公司品牌的话题，成为口碑营销的组织者。这些人才最适合成为公司口碑营销团队的一员。

5. 喜欢收集各种消息的人

在互联网中有一类网友特别喜欢收集各种冷门知识和八卦信息。他们发起热门话题的概率很大，其他网友也乐于看他们分享的内容。商家的产品信息、管理心得、逸闻趣事，都是这类人比较关注的信息。他们在口碑传播过程中扮演着很重要的角色。

6. 公司品牌的“亲卫队”——忠实粉丝

这群人是公司产品的资深用户，对公司品牌抱有深厚的感情。他们有浓厚的兴趣帮企业传播口碑，活跃度在所有的口碑谈论者中高居榜首。他们不仅喜欢关注公司的各种网络宣传平台，还会自发组建论坛、QQ群、微信群、微博粉丝团等平台来帮你做宣传。

7. 各类专业人士

这类口碑谈论者包括媒体特约评论家、专栏作家、各行各业的专业人士（通常也是自媒体大V）等。他们的意见对其他人具有较强的参考价值，特别是对其粉丝具有决定性影响。所以，这类人的意见不可不重视。

案例研究

小米公司联合创始人黎万强在2012年8月3日的微博中宣布："3日至9日，欢迎发挥创意，以#小米盒子兄弟#为原型来PS及创建话题，前20名转发数最多的热门奖励32G的SD卡，论坛投票前5名的无敌作品再奖励手机1台。"

"小米盒子兄弟"是小米公司的两位员工。他们因拍摄了一组关于小米2代环保包装盒的相片而走红。他们两个人都不算瘦子，吨位加起来超过300斤，一人背着另一人站在小米2代环保包装盒上做搞笑的动作，包装盒居然没有被踩变形。这从侧面反映出了小米2代环保包装盒有多么结实、耐用。

令人没想到的是，由于"小米盒子兄弟"的动作非常有喜感，广大"米粉"忍不住玩起了P图游戏。这样弄出来的新图片很快在"米粉"中传播开来，又蔓延到了互联网上。很多网友看到这些搞笑图片后也参与互动，在不知不觉中把小米2代环保包装盒的名声推广开了。

小米公司见状，索性由官方组织一次PS大赛，用"小米盒子兄弟"的图片来做恶搞图片。很快，"小米盒子兄弟之龙口脱险""小米盒子兄弟快跑""小米盒子兄弟是男人就下五百层"等恶搞图片纷纷问世，让大伙乐不可支。

这场活动从"米粉"内部延伸到了各大社交媒体，很多非小米用户也热心参与互动。通过这种方式，小米2代环保包装盒把口碑营销的力量发挥到了极致，通过互动活动给目标客户群体留下了深刻的记忆。

针对互动对象的特点来做交流

上述各类口碑谈论者的作风迥异，公司营销团队与他们互动时应该注意区别对待。这里的区别对待并不是要把互动对象分出三六九等，而是根据不同人群的特点来做互动交流。

比如，对你的产品感到满意的顾客中肯定会有一批特别热情的回头客。他们会记得很多服务人员的情况，对公司的一切喋喋不休。这些顾客很容易成为优秀的口碑传播者，口碑营销团队应该用非同寻常的方式对待他们，主动给他们提供有传播价值的信息。

而那些品牌发烧友更是堪称口碑营销的“精锐义勇军”。他们不仅有热情，往往还有才华，能从公司员工意想不到的角度来做宣传。他们的创意更贴近用户的心声，故而能获得更好的传播效果。对于他们，公司应当重点团结。

专业人士作为特殊的口碑谈论者，对公司品牌在业界的口碑影响非常大。虽然口碑营销更多是借助广大业余口碑谈论者的力量，但对于少数专业人士也不能忽略。因为，他们的观点往往是大众的重要参考意见。为此，商家应该在平时跟专业人士搞好关系，真诚地向他们虚心求教。这种尊敬的态度会让他们感到满足，从而有兴趣正式推荐商家的产品。

专家视角

口碑营销之所以如此强调尊重和真诚，原因之一是，我们依靠的是真实的人的信任。我们必须一丝不苟地维护这种人际媒介，就像编辑们维护报纸的新闻声誉一样。对于那些传播我们信息的人，我们是欠了人情的，偿还的办法是善待他们。优秀口碑营销活动的基础，是找到口碑谈论者，关照口碑谈论者。

——安迪·赛诺维兹

提高用户的参与度，口碑才传得远

要点提示

1. 新媒体时代的产品用户普遍希望参与更多有趣的活动；
2. 满足用户的参与感是口碑营销的一个诀窍。

参与感：用户的特殊需求

小米科技在口碑营销方面做得非常有特色，其中最有代表性的指导思想就是“参与感”。所谓参与感，就是让产品用户和员工一同参与公司组织的活动，经常保持深度互动。这种互动方式就像是参加朋友开的派对，轻松愉快、团结友爱、没有隔阂，彼此真正地打成一片。

这是新媒体时代的新形势，与消费者主权意识上升有很大关系。

传统营销模式催生了传统的商家与用户的关系。用户单方面接收商家推送的信息，最多也就是有选择接受或不接受的权利，缺乏一个有效的对话机制。而商家也只是重视单方面向消费者灌输信息，并没有与他们互动交流的意识。那时候的口碑营销是粗放式的，用户给的好评没什么传播力度，更多是靠商家的自夸来推广产品或服务。在这种缺乏话语权的背景下，消费者很难萌发主权意识，对参与感没什么需求。

新媒体颠覆了传统营销模式，也改变了消费者与商家的关系。

在这个“人人都是自媒体”且任何负面情绪都可能被放大百倍的环境下，消费者给出的差评会很快吸引一大批网友加入讨论，引爆企业的负面口碑，在很短的时间内达到众口铄金的效果。消费者的话语权提升了，与商家的关系也趋于平等。他们的意见对商家的营销状况影响很大。在这个背景下，消费者越来越希望主动影响商家的营销流程，让他们设计出更符合自己个性化需求的产品，让他们提供更加人性化的服务。

案例研究

小米科技的副总裁黎万强在《参与感：小米口碑营销内部手册》中写道：“真正的参与感绝对不仅仅是互动，而是塑造一种友爱的互动，让员工、用户发自内心地热爱你的产品，发自内心地来推荐你的产品。”

要做到这一点，就必须“潜入用户的大脑”，在用户使用产品的过程中，营销者要不断给他们渗透式的用户体验。唯有这样，营销者才能与广大用户打成一片。为了提高用户的参与感，小米从公司最高层开始，带头与“米粉”进行深度互动。

比如，在2015年5月5日10时56分，小米公司总裁雷军特意发了一条微博：“我想请5位米粉，去印度和美国，来一场说走就走的旅行，如何？我们付所有旅行费用，但你要用配备骁龙810的小米Note顶配版在国外完成一系列任务，帮我们测试一下小米Note顶配版的各项性能。#米粉芯旅行#。”

这个活动的主要目的是推广当时准备上市的新产品——小米Note顶配版手机。雷军亲自公开邀请5位“米粉”使用配备骁龙810的小米Note顶配版手机在印度和美国完成一系列任务，所有费用由组织活动的小米公司承担。通过这种富有游戏色彩的互动活动，小米进一步增进了与“米粉”之间的关系，也带动了新产品的销售。

让更多人加入交谈

口碑传播是以对话形式扩散信息的。也就是说，没有对话就没有口碑。公司要设法让更多用户参与到交谈中。当然，这也意味着我们需要投入更多的员工去同用户对话，否则光靠一两个人加班加点应付成千上万的粉丝，无异于天方夜谭。有的公司提出了“全员客服”的理念，就是基于这个考虑。让全体员工都参与到交谈当中，提高整体的互动效果。

不过，公司员工的性格和能力是多种多样的，完全一刀切地让他们以同一种模式来跟用户对话，显然不现实也不科学。安迪・赛诺维兹教授建议，公司中任何对交谈有兴趣的员工都可以参与交流，不过，有些人负责倾听，有些人负责回复，有些人则负责从旁观察。

根据不同的性格能力特点来分工，倾听者满足用户的倾诉欲，回复者给用户解答疑问，观察者从中捕捉交谈中的有用信息（比如用户的潜在需求变化等）。这种分工合作式的互动，比让员工一个个跟用户成对交谈的效率要高得多。

说到底，交谈不只是为了聊天，而是通过聊天来传播口碑和了解情况，最终提升销售业绩。通过更多的交谈来获得更多的口碑，像滚雪球一样增加口碑的传播力和影响力。

专家视角

大多数人不会自言自语，这样做太没意思了。我们需要他人作为交谈的对象，这样才能将对话持续下去。口碑是一种对话。有人对你说了些什么，你做出回应。如果得不到回应，口碑就不能持续。你的任务是参与交谈，以维持交谈的活力。

——安迪・赛诺维兹

团结铁杆粉丝，带动普通用户

要点提示

1. 企业品牌的铁杆粉丝是口碑营销最重要的推动者；
2. 团结铁杆粉丝有利于企业加强与目标受众群体的联系。

铁杆粉丝：口碑营销的生力军

口碑营销与粉丝经济有着密切联系。凝聚粉丝首先需要产品自身过硬，留下好口碑。而传播口碑又需要大量热心的粉丝自发地替商家做义务宣传。口碑营销的直接目的是吸引粉丝、培养粉丝团，最终的落脚点是粉丝经济。其中，对口碑传播影响最大的群体，是粉丝中的佼佼者——铁杆粉丝。

铁杆粉丝通常有以下几个特征：

首先，他们对产品最为热爱，对品牌的忠诚度最高，非常注意维护公司品牌给众人的印象；

其次，他们对公司的很多事情了如指掌，堪称专业级水平，其他粉丝非常相信他们的意见；

最后，他们往往是粉丝团中的意见领袖和粉丝活动的召集者，在众多粉丝中有着很大的号召力。

一个企业的口碑好坏受到多种因素的影响。但在这个竞争激烈的环境中，粉丝多的一方很容易赢得社交媒体上的话语权，成为主流意见的代表。此外，粉丝团综合素质高的一方，在口碑竞争中也处于有利的位置。其中最关键的是该品牌是否有一定数量的稳定、优质的铁杆粉丝。有些商家的粉丝数量看上去很多，但以“僵尸粉”和“死粉”为主，他们在口碑传播方面的战斗力不会高于那些粉丝数量看起来少，但真粉率却很高的商家的粉丝团。

从某种意义上说，口碑营销的效果可以通过粉丝团的建设情况看出来。如果无法凝聚一批优质的铁杆粉丝，则说明该企业的产品不够好、品牌不够硬，支撑不起良好的口碑。

案例研究

小米在国内互联网企业中是典型的后起之秀。不过才成立短短几年，小米手机的销量就名列前茅，成了新兴的名牌。这在很大程度上是靠铁杆粉丝的口碑营销。小米刚起步的时候，没有太多广告预算。总裁雷军建议主管营销的黎万强想点特殊的办法来宣传新出炉的小米手机，于是小米营销团队通过培养铁杆粉丝来带动营销。

小米手机发布第一个内测版本时，只是手机市场中的无名小卒，没多少人关注。小米产品的第一批用户只有100人。用户少得可怜，也没多少资源用来搞推广活动。于是小米管理层决定采用精神激励的办法来加强这100名用户的品牌忠诚度。在小米手机的开机页面上，写着最初的100名用户的论坛ID，所有使用小米产品的人都会看到。这就是雷军和黎万强对粉丝表达敬意的方式。

于是最初的100名用户成了传播小米品牌的“火种”。在这些铁杆粉丝的带动下，小米手机的口碑越传越广。根据市场研究公司赛诺（Sino）发布的2016年上半年中国智能手机Top20品牌销量报告显示，小米手机在2016年上半年的销量为2365万台，位居排行榜第五位。而在2015年的上半年，小米手机曾经在排行榜位列首席。与其他上榜的品牌相比，仅仅成立6年的小米发展速度可谓惊人。这与小米团结铁杆粉丝的口碑营销策略是分不开的。

铁杆粉丝是优秀的口碑谈论者

口碑谈论者有多种类型。有的人只跟自己最亲密的少数人推荐商家的产品，有的人则逢人就大谈商家的好处；有的人用严谨的分析来论证商家是多么的优秀，有的人只是凭着感情主观地赞美商家。在各色人群中，铁杆粉丝始终是商家最坚定的支持者，也是对商家的口碑营销贡献最大的人。

站在商家的角度来看，铁杆粉丝无疑是一群优秀的口碑谈论者。

这群“骨灰级爱好者”热情洋溢，爱产品也爱生活，有着经久不衰的旺盛精力。也许，他们不轻易向路人推荐商家的东西。但只要有人问起，他们就会瞬间化身为“专业人士”，大谈关于商家的一切优缺点，知无不言，言无不尽，一步一步引导提问者成为商家的新拥趸者。当他人质疑商家的产品时，铁杆粉丝又会凭借丰富的产品知识反驳对方的意见，竭力维护公司品牌的口碑。

当然，同样是这一群人，对公司“爱之深，责之切”。在公开场合，他们会为了维护公司品牌不惜与他人大打口水战，不愿听到别人说公司产品哪里不好。但在公司内部的交流平台中，他们恐怕是最喜欢挑刺的人。尖锐的批评只在关起门来时才说，这是他们对公司的鞭策和期待。

正因为如此，商家才更应最大限度地团结铁杆粉丝，并借助他们的力量对普通用户进行宣传。随着粉丝队伍不断扩大，铁杆粉丝不断增加，口碑营销才称得上是成功的。

专家视角

见识过麦金托什（Macintosh）计算机控吗？有那么一群使用者，对这个品牌的计算机的感情如此深厚，一心想要别人也使用这个牌子。他们坚信，这肯定会使每个人的生活变得更加美好——或许还能促进地球上的和平。商家应协助这些家伙帮助别人：给他们事例去援引，给他们传单去发放，给他们信息去扩散。

——安迪·赛诺维兹

留心目标用户群里的“意见领袖”

要点提示

1. 目标用户群里的“意见领袖”往往对互联网舆论有较大的影响力；
2. 如果能得到“意见领袖”的支持，口碑营销的效果将会翻几倍。

意见领袖：非正式组织中的舆论引导者

不少商家都设立了自己的新媒体运营团队，试图在社交媒体上制造良好的口碑，推动销售额的增长，但实践效果却乏善可陈。这是多方面原因造成的，其中一个重要因素就是运营团队不能跟粉丝群体中的“意见领袖”组成统一战线。

“意见领袖”并不是真正意义上的粉丝团首脑，但他们对其他粉丝有着很大的影响力。通常而言，意见领袖有以下几个特征：

第一，他们在某方面有一技之长，能力超出其他粉丝，能为大家提供有趣或有用的优质内容。

第二，他们有一套相对完整的价值观，并且经常能在很多话题上说出令人拍案叫绝的犀利意见。

第三，他们普遍擅长与其他粉丝互动，跟大家的关系都比较融洽。

上述三个特征叠加在一起，使得意见领袖成为粉丝团中的无冕之王。在粉丝团这种非正式组织中，意见领袖是舆论风向的引导者，相当于粉丝群体的新闻发言人与形象代表。凡是他们批评的产品，其他粉丝也会跟着嗤之以鼻，最起码也要半信半疑：凡是他们认为出色的产品，其他粉丝往往会接受其推荐，成为该产品的新用户与口碑传播者。

在某种程度上，他们对粉丝群体的影响力（以及煽动能力）大大超过领薪水的公司营销团队员工。粉丝们固然喜爱公司的品牌，但这并不代表他们喜欢营销团队打理的官方微博与微信公众号。只有少数商家能把自己的官方营销号运营成一个比自媒体更有特色的“意见领袖”，绝大部分企业的运营团队达不到这个水准，因此，必须考虑怎样与那些粉丝群体中的佼佼者开展合作。

案例研究

海尔前新媒体总监李强强总结过一些做新媒体口碑营销的经验，包括以下两点。

1. 新媒体运营，到处都缺人

提个不成熟的建议，如果你是老板，把你微信朋友圈里最有个性、让你印象最深的人挖来，错不了。专业和经验根本不重要。

在媒体这个行当里12年，最大的感悟就是“新闻无学”。

读了四年新闻，参加工作之后才知道，学校教的东西，到实战时作用不到十分之一。

四年时间里学的东西都忘了，就记住了一个人名：普利策。

但是，这不妨碍我们研究新闻写作，也不妨碍我们做调查报道。我们依然分得清楚那些美好或丑陋的东西。

为什么学校教的通讯写作、纪实文学，到了工作中都不灵了？

其实，传播是心术游戏，跟谈恋爱差不太多。谈恋爱这么重要的事情，也没有变成一门专业课。

传播就是这样。有的话说100遍也记不住，有些话，不说，一个眼神，一些语气，就能表达到位。

有时候，不说什么，更重要。

所以，我倾向于得出一个悲观的结论：传播，真的讲究天赋。

2. 人格化，不要职业化

同样的内容，罗振宇就能讲得津津有味，《新闻联播》的主持人就做不到。对外表达的时候，语气比内容更重要。

中国人民的老朋友仇勇（《新媒体革命》作者）以前提过一个概念，叫纪律写作。学过传播的人都知道一些写作的套路，最耳熟能详的，包括华尔街日报体、金字塔结构、倒叙、插叙、背景交代、关联事实，以及不要下结论，不要出现第一人称……这些东西是什么？是上一个年代里人们默认的并流传下来的写作纪律。

我们倾向于认为，这些条条框框是好的。一个选题，只要按照这个来套，错不了。

但是，现在一切都不同了，不仅是载体，而且还有内容的生产方式。

火的是什么？是杜甫很忙，是庞麦郎，是papi酱，是一个个让人摸不着头脑的东西，是反智主义。关于讲故事的纪律，他们每一条都违反了。怎么会这样呢？

人们越来越关注面具背后的真实的人，而不是面具本身。这就是为什么人格化越来越受欢迎，而千篇一律、整齐划一变得那么讨厌。

做一份意见领袖名单

在目标用户人群中寻找意见领袖并不难。他们对口碑话题的热情程度高于其他人，粉丝队伍来来去去换了几批人，他们依然还在。他们在粉丝里的信誉度很高，大多数人都信任他们的才能与人品。如果你在搜索引擎里输入他们的ID，可能会发现他们在很多不同的平台里都会提到跟你有关的事情。

找出这些人后，公司口碑营销团队应当整理一份意见领袖名单，从名单上选择公司希望与之合作的人，然后建立密切而长久的联系。

当然，意见领袖本身是多种多样的，甚至可能相互之间不服气。这就需要公司将他们分在不同的话题讨论小组，发挥其长处，减少其冲突。为了整合各路意见领袖，口碑营销团队应该为他们建立档案。档案内容应当包含：意见领袖是谁；他们的性格特点和强项、不足是什么；他们现在对公司口碑有哪些影响；他们平时喜欢跟谁交流；他们的联系方式。

根据这些档案，公司重点扶持其中最符合需要的意见领袖，将其列为口碑传播智囊团的外援，共同讨论口碑营销方案，然后再分工合作。

如此一来，很多公司不方便透露的消息可以借助他们的嘴来传达。另外，公司也可以借助他们的创意和舆论煽动能力不断维持粉丝队伍的活跃气氛。这是口碑营销中的双赢格局。

专家视角

有些人发表议论，是因为喜欢有人问他。他们对当专家乐在其中，人们请教得越多，他们就越发感到受重视。以权威人士的面貌出现，那感觉妙不可言。想方设法识别出这些顾客，给予他们更高的地位，简而言之就是感谢他们，把他们纳入消息圈子里，征求他们的意见。这些顾客会谈论你和你的产品，因为这显示出他们的重要性和专业性，也因为这使他们产生处于圈子内部的感觉。

——安迪·赛诺维兹

主动为口碑谈论者提供谈资

要点提示：

1. 如果缺乏令人感兴趣的谈资，口碑谈论者很快就会被其他消息夺走注意力；
2. 不断提供谈资是保持口碑热度的不二法门。

谈资：维持口碑的燃料

口碑营销有三个难题：一是如何传播口碑，二是如何长期维持口碑，三是如何把口碑变现为收益。第一个难题考验的是传播渠道，第二个难题考验的是企业营销团队的话题制造能力，第三个难题考验的是盈利模式。

在信息爆炸的现代市场环境中，公司的口碑可能会在一夜之间变为参与人次上千万的热门话题，第二天又马上被新的热点话题打入“冷宫”。当一连串爆炸性新闻出现时，你的注意力会不由自主地被分散开来，口碑传播的力量随之锐减。

没有谈论就没有口碑，这是一个简单明了的道理。但再劲爆的消息时间久了也会冷却，再有趣的话题说多了也会索然无味。口碑以谈论为生命，口碑谈论者以谈资为生命。如果找不到新的谈资，再热情的口碑谈论者也会像失去燃料的燃气轮机，停下来，冷下去。若是真到了这一步，公司的口碑营销也就可以宣告失败了。

为了克服这个难题，口碑谈论者需要听到更多的最新信息，比其他人更早了解第一手情报。唯有如此，口碑谈论者才能维护其“可靠消息搬运工”的光辉形象，继续对其他口碑接受者产生有效的舆论引导作用。

口碑谈论者自己寻找的谈资有利于增加他们个人的人气，但未必能给公司宣传带来直接收益。所以，公司营销团队要学会主动“搞个大新闻”，为广大口碑谈论者提供新的谈资。

案例研究

海尔集团官方微博与高德地图官方微博曾经在国庆期间一起搞了件“大事情”。这件“大事情”很快成为看热闹不嫌事大的微博网友们的一个谈资，引发了多达600万的微博互动流量。网友们戏称：站定了海尔和高德官微两位的“CP”档。

原来，国庆期间有一辆货车遭遇了交通事故，车与货都滞留在高速公路隔离带外面。货车上装的恰好是海尔的产品。高德地图官微发出了一张现场相片并在微博中揶揄海尔说：“熏疼（心疼）……”。海尔官微很快转发该微博并回应道：“我可是用的你的导航。”高德地图则表示：“我们的友情已经到了尽头，我要取消对你的关注。”

两位官博君的互动微博很快引得网友纷纷转发、评论。大家戏称：“国庆期间，没想到吃了家电和GPS这猝不及防的狗粮！”

当“翻车”话题的热潮褪去时，海尔集团旗下的克路德机器人官微又给大家提供了一个谈资。克路德机器人转发高德地图要取关海尔的那条微博时说：“海尔爸爸，我就可以给你导航啊。”海尔官微转发该微博并故作惊讶状。众网友又纷纷@高德地图并评论道：“海尔爸爸在搞事情”“机器人挖墙脚挖得快准狠”“海尔君在外面有幺蛾子”“演了一出大戏”等。

在大家谈笑之间，海尔旗下的克路德机器人将自身的产品功能特点与热门谈资结合在一起，成功借助海尔、高德两大行业巨头的谈资提升了自己的品牌价值，赚足了消费者的眼球。

官方微博的“CP”联姻营销法

现在的企业新媒体的玩法越来越多，组“CP”联姻是其中非常有效的一招。两个或多个企业新媒体良性的互动交流，能够在共享用户资源的基础上，通过有趣、有料的互动，来增强用户的黏性，形成用户的叠加聚合。企业新媒体的互动交流，向用户展示的是企业鲜活、有料、趣味的一面，人格化的官微才是受欢迎、跟得上互联网时代的官微。

企业新媒体不应再是企业的上传下达的传声筒，也不应再是企业自娱自乐的宝地，而应是真正面向用户、接轨用户的新媒体。在这一点上，海尔与高德地图则是其中的佼佼者，趁势而入的克路德机器人，也同样值得关注。

在这次互动之后，海尔与高德地图的互动变得更为频繁了。

2016年11月15日，海尔官微发了一条附带了蜻蜓FM音频的微博：“新的一天，海尔君和@高德地图主页君一起向您问好，导航用高德地图，浴室用海尔智慧魔镜，转发抽一支凌美钢笔，结果明天评论中公布。#听完后请告诉我谁才是吴彦祖#（音频附件）K主页君日常早安：海尔＆高德地图”。

这条微博不仅同时推荐了三家公司的产品，还组织了有奖转发活动。海尔和高德地图共同制作的音频附件，则大大强化了二者的人格化品牌形象。这种新玩法为粉丝们提供了更多的谈资，为企业联盟的口碑营销建设提供了很好的参考。

专家视角

人们建立网页，可以在那上面炫耀知识，或者是和别人分享知识。这些是心甘情愿的辛劳。这些人也活跃在留言板上，就是那些专门回答别人问题的骨灰级志愿者。在那里，他们以专家的面貌出现在世人面前，要帮助这些人表现得更为聪明。发给他们新闻报告、内部信息和技术资料，越多越好，他们会因此而喜欢你的。

——安迪·赛诺维兹

第八章

跟踪了解：售后服务赢得认可，用户体验决定口碑

部分商家误以为口碑营销只是让顾客给自己的产品打好评，然后就可以万事不管，为所欲为。殊不知，口碑的形成并不只是与产品本身相关，还与用户体验及售后服务状况直接挂钩。良好的用户体验与真诚的售后服务向消费者传递了一种诚信的精神，这恰恰是口碑营销的本质。

口碑营销的本质是传播诚信

要点提示

1. 口碑营销的意义在于为企业品牌树立一个令人信任的正面形象；

2. 诚信的力量会在口口相传中不断叠加，赢得更多消费者青睐。

你的品牌真的广受好评吗

电子商务诞生之前，消费者可以口口相传某个商家是业界良心，但无法统计该品牌到底受到多少人欢迎。亚马逊、淘宝、天猫、京东、当当等网上购物平台推出的评分功能让买家可以给商品或店铺进行打分，而运营商再根据消费者的打分情况来给各个进驻网站的商家评定信用等级，给予好评率和信用度高的商家更多优惠政策。于是，互联网上出现了一句淘宝体名言：“亲，给个好评呗！”

这本来是一个鼓励买卖双方诚信交易的管理机制，但在实际操作中仍然免不了出现一些乱象。

有的淘宝商家为了提高自己的信用等级，故意用注册的小号冒充顾客打好评。许多卖假货、服务态度恶劣的店主就是凭借这种伎俩来伪造好口碑，欺骗不知底细的新顾客。另外，有些消费者的素质低下，明明店主服务周到、发货及时、包装完好，就是故意给差评以满足自己阴暗的恶作剧心理，让商家的信用等级下滑。

所以，有经验的消费者在网购时不光看表面上的好评率或差评率，还会通过多种渠道反复验证该商家是否真有良好的信誉。

安迪·赛诺维兹教授指出：“关于口碑的一个真理是，真相总会浮出水面。大规模媒体宣传活动，掩盖不了产品质量低劣的事实。响亮品牌的背后，藏不住劣质的服务。你不能对自己说假话，更不能对客户撒谎。”

这番话值得所有的口碑营销工作人员深思。

案例研究

2015年8月20日，一位英国消费者发现新买的iPhone手机里有3张亚洲女孩（其中有一位是笑容灿烂的中国深圳女工）的照片。他觉得这个女孩的形象纯真、可爱，就将照片发到了一个苹果产品爱好者论坛（www.MacRumors.com）。没想到，这张照片仅仅用了6天就风靡全球社交媒体，“iPhone girl”迅速上升为Google排名第7位的热词。这则消息从国外传到国内，从互联网媒体到纸质媒体，“最美iPhone中国女孩”的话题迅速蹿红，俨然成了一个网络童话！

然而，网友们追根溯源，发现“iPhone girl”是那个苹果论坛策划的一起炒作事件，分享照片的所谓“英国消费者”其实是论坛站长用马甲伪装的。网友们得知该网络童话是一场营销骗局后，感到非常沮丧。有人说：“我实在不愿意相信‘iPhone girl’是个公关事件。我经常觉得，世界还是美好的，不全部都是人造的。”

这则人为制造的网络童话破产了，消费者感觉自己如同“吞了一只苍蝇”。苹果论坛本想炮制一次完美的口碑营销，调动大家对“最美iPhone中国女孩”的关注度，结果被热心网友查出了作弊行为。最终，给予好评的消费者认为自己受到了欺骗，由喜转怒，让苹果公司落下了一个坏口碑。苹果公司后来颇费周折才消除这次事件带来的负面影响。

口碑营销，传播诚信

在上述案例中，营销者大大低估了网友的智商。随着网友们越来越熟悉商家营销的套路，他们越来越难以被轻易煽动，反而能在很短时间内完成辟谣工作。

安迪·赛诺维兹教授对此有着深刻的认识。他强调说："口碑是反馈的循环，迫使营销人员重视用户的意见。它打破了广告商的孤芳自赏，令他们不得不正视产品和营销对现实中的人产生的客观影响。口碑令客户坐到了董事会会议桌的首席位置上。口碑营销是听取用户的声音，维护用户的利益。在此类营销中，客户拥有强有力的发言平台——营销者必须认真倾听。这样，人们就有能力表达自己的不满，揭露不诚实行为。口碑营销者必须学会倾听，我们别无选择。除非消费者心甘情愿地传播我们的信息，否则我们就不能实现自己的营销目标。"

传统的宣传推广方式既烧钱又低效，已经在走下坡路。新媒体时代的消费者，更相信其他消费者与自己的亲身体验。假如他们觉得产品体验确实令人满意，就会信任营销人员，并主动向其他消费者推荐公司的产品。反之，他们不对公司大加挞伐就算手下留情了。

与此同时，公司口碑营销团队成员要学会珍惜消费者给予的口碑，高标准、严要求地贯彻诚实守信的方针。唯有如此，才能让口碑营销取得更好的经济效益，形成一个商家与消费者相互促进、互惠互利的良性循环。

专家视角

口口相传是打造良好形象的最佳工具，就像新车或普拉达（Prada）提包一样。我们可以把它看作一种货币——社交货币。正如人们可以用金钱购买产品或服务一样，他们也可以用社交货币在家人、朋友和同事心中留下他们想要的正面印象。

——乔纳·伯杰

售后服务是口碑营销的第二起点

要点提示

1. 售后服务并不是口碑营销的结束，而是一个新的开始；
2. 没有优质的售后服务，再令人眼花缭乱的营销技巧也树立不了好口碑。

不要让售后服务毁掉你的口碑

在很多人眼里，口碑营销工作主要集中于产品销售前。起点是让大众认识到本公司产品的优点，只要消费者下订单购买，一个口碑营销周期就结束了。这个认识误区导致不少公司的口碑营销做得虎头蛇尾，使得后续的负面影响扑面而来。

按照现代营销理论，营销活动应该贯彻企业商业活动的整个流程。从市场调查到产品设计，从宣传推广到售后服务，所有的环节都为营销服务，各部门团队都是高度一体化的。口碑营销比营销多两个字，但并不会因此变得例外。真正懂得口碑营销的企业，必定会重视售后服务的建设。若是在这个环节邀功诿过，产品研发与宣传推广环节树立起来的所有闪光点，就会被差到极点的售后服务“黑得伸手不见五指”。

所有致力于用口碑营销赚大钱的商家都应该意识到一点——口碑来自

你每一个细节上的努力，而不是你那浮夸的演技。

口碑就是商誉，就是企业的整体品牌形象。企业的方方面面都是整体品牌形象的一部分，甚至连并非公司正式下属单位的粉丝团都是。任何一个环节的漫不经心，都会破坏消费者心中的良好印象。因此，那些把口碑营销玩得风生水起的国内外知名企业，不仅高度重视售后服务的质量，甚至积极变革，全面升级售后服务体系，让消费者获得更好的用户体验，从而给予公司更高的评价。

案例研究

小米科技借鉴苹果的“天才吧”模式，在国内多个城市创办了颇有用户俱乐部色彩的“小米之家”。小米之家是小米官方的直营客户服务中心，主要服务内容是展示产品、维修服务、组织“米粉”，以及帮体验新产品的消费者照看小孩。

小米在国内的第六家官方服务旗舰店珠海小米之家有个特殊的规定——全体员工必须学会带小孩。珠海小米之家的管理层发现周围的“米粉”经常带着小孩来体验店。小孩子好动，好奇心强，很容易分散客户的注意力。这无疑会降低客户在小米之家的消费体验。为此，珠海小米之家的员工都主动学习与小朋友打交道的技巧。每当“米粉”们带着小孩来体验新产品时，有的员工负责招待“米粉”，有的员工则负责跟孩子们玩耍，让大人和小孩都能专心地做自己想做的事情。

这种售后服务方式已经大大超出了传统售后服务的内涵与外延。从某个意义上说，小米之家隐隐约约成为当地社区基础服务的一环，小米员工与周围的消费者的关系更接近社区邻居的关系，而不只是简单的买方与卖方的关系。随着彼此交流的加深，小米之家从纯粹的售后服务场所变成了社交场所，企业口碑也水涨船高。

品牌的脸面在售后

不少企业重销售而轻售后，在宣传推广环节上舍得投入资源，对售后服务建设却十分抠门。公司上下把售后服务部门当成麻烦处理中心，销售人员为了刷业绩而轻易许下无法兑现的承诺，然后把皮球踢给售后服务人员，让他们替自己承受消费者的怨气。这种现象比比皆是，对企业整体品牌的口碑不会产生什么积极影响。

一个品牌的形象是否正面，往往取决于其售后服务。企业不能幻想口碑谈论者会选择性失明地放过你的不足之处。尤其是在最能体现诚信口碑的售后服务环节，一个反面案例说不定就会掀起社交媒体上铺天盖地的讨伐声。媒体记者们每天都盯着社交媒体上的热议话题搞大新闻，会进一步放大企业的黑点。如此一来，企业就面临着从线上延伸至线下的口碑绞杀战，必然会花费更多的金钱、时间、人力来挽回局面，效果还不一定好。

口碑营销其实没有太多诀窍，前台善于互动，后台支持给力，售后服务快捷、全面，最好能够让产品与最终用户进行无缝对接。把强化售后服务列入口碑营销战略规划，一个环节一个环节地坚持做下去，这样企业才能成为消费者眼中令人称道的“体面人”。

专家视角

用户和企业之间，到底保持一种什么关系才是最理想的？千千万万的用户，有千千万万的想法，他们为什么要认可你的产品？认可了你的产品之后，为什么要主动帮你传播？……做企业就像做人一样，朋友才会真心去为你传播，维护你的口碑，朋友是信任度最强的用户关系。小米的用户关系指导思想就是——和用户做朋友！

——小米科技联合创始人　黎万强

做好用户体验是赢得口碑营销的关键

要点提示

1. 消费者对产品的印象主要来自用户体验；
2. 口碑营销不光是靠口口相传，还得立足于不断改善用户体验。

用户体验：口碑的源头

“用户体验”在近几年被热炒的“互联网思维”中是一个重要的关键词。现在的商业评论在点评各大公司最新推出的品牌产品时，都会把用户体验视为一个重要指标。

在市场竞争中，产品的用户体验对消费者有着很大的影响，也在一定程度上决定了公司发展的后劲大小。

也许，著名生产商A公司比同行竞争者生产商B公司的年终盈利更多、发展历史更悠久、市场占有率更高，但A公司的产品在用户体验上不如B公司的产品令人感到满意，于是B公司很快吸引了一群忠实的发烧友，逐渐成长为业界的黑马。这与其说是口碑的力量，不如说是用户体验的功劳。

用户体验包括产品使用体验与服务使用体验，两者密不可分，分则易出乱子。

无论营销人员在官方微博上多么会卖萌，在微信公众号里分享过多少精品干货，消费者最终要的还是产品和服务。如果这两样最基本的东西不过硬，给消费者带来不舒服的用户体验，那么再巧妙的营销手法都是花架子，口碑营销也就无从谈起了。

所以，我们在做口碑营销时，千万不要本末倒置，用营销推广技巧代替产品和服务本身，那样只会把“口碑营销”从一个好词变成人人唾弃的坏词。只有以加强产品和服务建设为本，以口碑营销手段为用，才能真正玩转这种新媒体时代的商业模式。

案例研究

良好的用户体验，不仅体现为产品的人性化，还表现在企业服务的人性化。小米的口碑营销就是走群众路线，贯彻“与用户做朋友”的精神。小米新媒体推广营销团队始终把提高用户体验水平作为自己的运营宗旨，从而创造了颇有建树的“9：100万”的粉丝管理模式。

小米手机的微信公众号后台客服人员只有9个人。这9名员工每天最主要的任务是回复100万粉丝的留言。虽然100万粉丝不可能同时上线，但每一位小米后台客服人员实际上要面对的粉丝也的确是成千上万的。他们每天早上在电脑上打开小米手机的微信账号后台，浏览各种用户的留言，然后选择有代表性的重要留言进行回复。

不少公司的后台服务是通过开发智能程序来主动抓取关键字来进行回复。小米公司虽然有这个技术实力，但还是让微信客服人员尽可能地进行一对一的回复。因为真人回复可以表现出机器人所没有的个性特点，让用户感到更多的尊重与体贴。小米做活动一般会群发短信，100万条短信发出去，便是4万元的成本。9名客服与100万粉丝做朋友，工作量之大可想而知，但小米通过这个办法成功地提升了“米粉”的品牌忠诚度。比起在微信上“开个淘宝店”，小米把微信公众号的重心放在客服上的做法显然更让消费者感到舒服。

改善用户体验的几种思路

用户体验是一种综合性的感受，只有从多方面改善消费者的体验感受，才能获得最好的口碑。通常而言，商家改善用户体验有以下几个方向。

1. 改善用户的感官体验

当代消费者普遍追求更好的感官刺激效果。感官体验不佳的东西很难打动他们，既不能迅速形成口碑，过后也很快会被消费者遗忘。如果公司的产品和购物环境能给顾客带来印象深刻的感官体验，他们就会更喜欢你的一切。

2. 改善用户的初次购物体验

消费者的第一次购物体验是否愉悦，决定了他们对品牌的初始印象。如果初次体验良好就会再次光临，反之则放弃。无论消费者怎样决定，都会跟身边的人谈论对商家的看法，形成正面或负面的口碑。为此，企业应当致力于为每一位新顾客提供更好的初次购物体验。

3. 改善用户的情感体验

做生意也是做人情。现代消费者不喜欢冷冰冰的纯粹交易关系，而希望在消费过程中体验到更多温暖的人文关怀。如果这种体验良好，他们会适当地降低对产品的挑剔程度，用更宽容的眼光看待公司的东西。因为情感体验本身是一种可贵的增值服务，最能打动人心，诞生好口碑。

企业在上述几个方向上持续改进用户体验，口碑营销才算是落到了实处，公司的社会影响力才会变得更强大。

专家视角

借用（北京）上地店，海底捞将引入定期或不定期的互联网体验活动。比如每周一中午计划开设“程序员日”服务，每周一到周五计划不定期为一些自媒体或O2O企业提供开设论坛或活动的场所。餐饮场所本质上也是一种社交场所，边用餐边在现场结识其他志同道合的朋友，将是突破常规餐饮的新玩法。

——海底捞CIO（首席信息官） 施琦

降低客户的期望值，提高他们的满意度

要点提示

1. 口碑营销的原理是用超出客户预期的表现打动他们；
2. 提高客户满意度，才能在市场中留下好口碑。

客户预期：口碑营销的挑战对象

口碑营销的运作虽有很多成功案例可以参考，但并没有确保成功的套路。就算是那些精于口碑营销的著名企业，也走过不少弯路，出过一些事前觉得很好但过后让粉丝很失望的败招，靠着后续运作的补救才扭转了局面。实事求是地讲，口碑营销的成功是一大堆主客观因素综合作用的产物，用心运营很重要，运气也很重要。法无定法，千变万化，如果说里面有什么恒定不变的东西，大概就是一个基本原则——不能超出客户的心理预期就会面临失败。

我们可以把所有成功和失败的商业案例用两个简单的公式进行总结。

企业表现＞客户预期＝成功

企业表现＜客户预期＝失败

口碑营销的效果同样可以这样简单地的归因。

用户体验>客户预期=正面口碑

用户体验<客户预期=负面口碑

若想做好口碑营销，不仅要在事前准确地把握客户的心理预期，还要在营销过程中设法改变他们的期望值，提高他们对产品和服务的满意度。这是口碑营销必须经过的一道坎。商家首先要非常熟悉自己的市场受众，随时跟踪了解他们的需求变化，通过深度互动来捕捉各种细微的需求。

消费者有着各种各样的心理预期，对产品的认知不尽相同。假如商家能弄清他们最希望得到什么，然后在此基础上增加一点点小惊喜，好评度自然就上去了。

案例研究

与小米手机相比，诺基亚是一个令人痛心的反面教材。它一没有预见到智能手机市场的变化，二没能抓住当时最受用户欢迎的安卓系统，选错了合作对象。假如它能像小米那样着眼于抓住卖点，也许不至于跑错了方向。

若是比拼智能手机的技术创新，小米还难以与苹果相提并论。但小米最大的长处在于把握住了“互联网+”模式的核心——真正倾听用户的需求，借助大数据分析等互联网工具来优化运营流程，提高产品研发迭代速度，快速改进服务质量，不断改善用户体验水平。

小米发展“互联网+”模式的历程，包含了一次又一次的激流勇进。

想当年，苹果应用程序商店App Store大获成功。安卓开发的Android操作系统也风头正健。小米此时很低调，推出了基于Android的手机操作系统MIUI。这个营销策略果然赢得了一批“刷机”爱好者的好感，从而帮助小米形成了最初固定的粉丝群——“米粉”。

经过A轮融资后，小米与全球最大的代工厂富士康进行合作，正式进军智能手机市场。小米在此期间推出了低位定价1999元的首款国产双核手机。自己专心搞研发，让合作伙伴主持生产。雷军向人们展示的互联网手机市场前景，赢得了大量代工订单。经过三轮融资后，小米手机的硬件成本大幅度下降，并且通过互联网直销的方式，减少了中间环节。这种“两头在内，中间在外”的产业格局，让小米从此步入了营销的辉煌阶段。

了解粉丝期望值，提高客户满意度

口碑本身自带提高顾客预期水平的功能。口碑越好的品牌，消费者越是寄予厚望。商家表现优良不会让消费者的满意度大幅度跃升（只是小幅度增长），可一旦表现不尽如人意，就会导致消费者的满意度像高台跳水一样暴跌。

所以，商家一方面要保持自己过硬的口碑，另一方面要设法了解粉丝的期望值，调查出他们可以接受的用户体验浮动范围。最重要的一点是，注意不要让粉丝对自己抱有过高的期望值，因为这很容易让他们失望，放大对公司的负面印象。

通过调查了解粉丝的期望值，商家可以制定力所能及的口碑营销策略，最大限度地提高客户的满意度。

提高客户满意度的思路包括做加法和做减法。做加法就是增加产品和服务的附加价值，使之超出消费者的预期水平。这种思路需要投入更多的资源和精力，但有利于企业在市场中占据有利的竞争地位。做减法则是在销售产品之前提早向广大消费者告知产品存在的短板。说白了，就是降低他们的期望值，令其觉得产品虽不是尽善尽美，但还算差强人意。当然，此举必然会招致消费者的抵触情绪，需要用更灵活机智的表达方式来转移其关注重点。

调整消费者的期望值和满意度是口碑营销中最值得钻研的艺术。如果轻视这种心理因素影响，很好的产品也可能被大大低估，白白错过市场机遇。

专家视角

我可以告诉你一个真理，好的东西不一定有口碑，便宜的东西也不一定有口碑，又好又便宜的东西也不一定有口碑，不一定。我去过海底捞，只有一个小地方打动了我，就是它的服务员是真的在笑，是真笑不是假笑。海底捞的服务肯定不会比五星级的酒店服务好，为什么有这么强的口碑呢？这个口碑的真谛是超预期，只有超越预期的东西才会形成口碑。

——小米科技董事长兼CEO　雷军

体验经济贵在全方位的关怀

要点提示

1. 改善用户体验的关键在于给予他们全方位的关怀；
2. 商家不可以满足于获得即时口碑，而应该用贴心的服务来构建持续口碑。

体验经济：口碑营销的新要素

1999年，美国学者约瑟夫·派恩和詹姆斯·吉尔摩两人合著了一部名为《体验经济》的书。该书把人类从古至今的社会经济形态区分为产品经济、商品经济和服务经济三种基本类型，并提出了第四种形态——体验经济。

根据该书的定义，体验经济指的是“从生活与情境出发，塑造感官体验及思维认同，以此抓住顾客的注意力，改变消费行为，并为商品找到新的生存价值与空间”。

这种经济模式是“以服务作为舞台，以商品作为道具”，力求让消费者融入自己期望的个性化情境当中，从而在消费体验中得到彻底的满足。随着新媒体的崛起与先进物流体系的形成，体验经济逐渐从理论变为了现实。消费者开始把注意力和金钱用于能给自己带来良好体验的消费项目上，根据体验的水平来认定最符合自己个性化消费需求的品牌。

由此可见，消费者的用户体验将成为提高企业品牌口碑的主要努力方向。口碑营销离不开用户体验的持续改善。假如不对公司的服务体系进行全面升级，老客户的满意度会越来越低，说不定就会改投到竞争对手那边寻找新鲜感。

随着体验经济的不断发展，新时期的口碑营销手段应当与时俱进。商家不应只满足于在社交媒体上与粉丝客户打成一片，还应该从体验经济的角度给他们带来全方位的贴心关怀。

案例研究

从2014年6月10日开始，小米公司发起了“小米服务点赞月”活动。在此期间，所有光临“小米之家”或其他授权服务网点的小米手机用户，都能够享受到免费获得手机贴膜、免费手机清洁、免费手机检测、保外手机免手工费、小米1小时快修服务这五个特色服务。小米用户在体验完特色服务后，可以根据自己的感受来点赞或投票。公司将在活动月结束后评选出明星服务网点。

“小米服务点赞月”是一种典型的体验经济运营模式。通过消费者的口碑来选拔最优秀的小米服务网点，以鼓励各个网点改善新老产品服务的用户体验水平。通过赋予广大消费者点赞的权利来激励他们积极参与到小米服务网点的评优活动当中。

“小米服务点赞月”结束后，珠海小米之家一举拔得头筹。就实而论，珠海小米之家所在的市场区位并不优越，但该服务网点从正式开业起就想了很多摆脱不利局面的办法。比如，在开业当天推出“一小时快修服务”项目，把电视体验间装饰成让人忍不住坐下来休息的居家风格，让每个员工都学会帮客户带小孩。像家人一样的全方位关怀，给了消费者宾至如归般的舒适感。这是珠海小米之家能在“小米服务点赞月”中得到最多点赞数的主要原因。

把即时口碑化为持续口碑

在上述案例中，“小米服务点赞月”采取竞赛的方式集中资源改善各网点服务体验水平，由此获得的“点赞”属于即时口碑。即时口碑是一种短时期内的消费者反馈意见，不过，假如消费者过后依然对公司的产品和服务表示满意，那么公司的即时口碑就能化为持续口碑。

即时口碑来自即时传播，即人们刚得到信息之后不久就立即与他人分享。持续口碑来自持续传播，即人们在几个星期甚至几个月、几年内都还时常谈起关于你的话题。

乔纳·伯杰教授认为：“这两种口碑传播方式都很有价值，但是对于某种产品或创意而言，其中一种可能更为重要。电影依赖的是即时口碑效应，电影院期待的是即刻成功，因为如果一部电影卖得不好，会马上下线，由其他电影代替。不过，对大多数产品或创意而言，持续口碑则更为重要。”

由此可知，对于不同的产品来说，即时口碑与持续口碑的重要性存在差异。但对于大部分商家而言，即时口碑利于快速打响品牌，而持续口碑有利于推动长期发展。

能否将即时口碑转化为持续口碑，是口碑营销成功与否的关键。要做到这点，离不开公司对目标用户群体的全方位关怀。只有通过跟踪了解用户对体验的评价，不断改进体验经济的细节，才能避免口碑营销沦为纯粹的耍嘴皮子。

专家视角

从60后、70后、80后再到今天的90后，随着时代的更迭，商家唯一不能改变的是顾客需求的变迁。未来谁能抓住年轻顾客的需求，谁就赢得了未来的商业。为此，海底捞希望通过数字化手段为广大年轻顾客提供他们喜爱的服务体验，当顾客习惯了线上交流这种数字化沟通方式后，我们会把忠诚度高的粉丝吸引到海底捞的实际经营中来。目前海底捞成立了一个专职O2O服务体验组，专门负责组织“捞粉”们参与O2O流程的体验。在论坛上发表反对意见，甚至向我们提供创意，都将成为提升海底捞服务流程的（方案）来源。

——海底捞CIO（首席信息官） 施琦

通过服务来弄清用户的痛点

要点提示

1. 用户在使用产品和享受服务时感受到的痛点，是企业的改进方向；
2. 脱颖而出的企业口碑是通过解决用户的痛点而建立的。

留心用户的痛点

当中国经济进入发展速度开始减缓的新常态之后，万众创新的风气并没有放慢节奏。市场的变化越来越快，新生事物层出不穷。有些从事传统行业的公司通过一些微小的创新突破了行业的“天花板”，而互联网界的领军企业也不停地打造自己的产业生态链。他们创新的思路各有千秋，结果有成功也有失败但在一个方面可以说是殊途同归，那就是——抓住用户的痛点。

所谓用户的痛点，指的是用户在使用产品或服务时感到不舒服的地方，也就是不愉快的用户体验。比如，产品的操作流程过于复杂，产品的保养很费劲，产品不够结实耐用，产品使用起来身体负担太重，都算是用户体验上的痛点。

创新是一种有风险的活动。你呕心沥血开发出来的新技术可能并不被消费者认可，你精心打造的新产品可能被消费者看成是中看不中用的平庸之作。这些得不到市场正面反馈的创新，从侧面说明商家没有认真吃透用户需求，没有搞清楚用户到底希望产品在哪些方面有进步。这些都将会阻碍公司的口碑营销。

其实，创新活动不一定非要搞出惊天地泣鬼神的大变革，找出当前产品或服务给用户造成的痛点，然后在此基础上进行改进，才是更可行的思路。

案例研究

传统洗衣行业存在营业时间不方便用户取送衣物，以及用户取送衣物交接周期长等痛点。由于这些发展瓶颈的存在，导致洗衣行业很难做大做强，也很难形成广泛传播的口碑。但荣昌e袋洗对洗衣业务进行了电子商务化改造，解决了用户的痛点，从而异军突起。

e袋洗的做法是，用户只需在微信上下单，填好衣物的取送时间与交接地址，再把衣物装入e袋进行交接。e袋洗按袋收费，无论袋内有几件衣物，都只收99元。由于不当面检查衣物，e袋洗的衣物交接时间被压缩到了30至50秒，每一单业务都在72小时送回公司。

随着移动互联网的普及，e袋洗又设法简化了用户送洗及取回衣物的流程，业务范围扩展到洗鞋、高端洗护、做饭、照看小孩、维修、护理、代管宠物等领域，形成了国内第一家综合性社区O2O生活服务平台。这让荣昌越来越受客户欢迎。

2016年2月24日，由北京日报、北京商业联合会主办的“2016北京商业品牌大会暨2015年度（第十一届）北京十大商业品牌评选”活动正式落下帷幕。荣昌e袋洗是唯一一家进入十大商业品牌排行榜的O2O社区生活服务品牌，其在生活服务领域的口碑影响力由此可见一斑。

学会从用户的角度考虑问题

一个人的社会角色具有多重性，比如，公司的售后服务人员下班之后可能会自动变成等待快递员送货上门的消费者。当我们扮演哪个社会角色时，就会体验到该角色的酸甜苦辣，而暂时忽略掉其他社会角色的痛点。一旦转换了角色，我们又会自然而然地站在新的立场上看问题和做选择。所以，售后服务人员并不是无法体验消费者的感受，只是在上班时间选择性遗忘了。

毫无疑问，越能解决用户痛点的人性化服务就越能带来好口碑。但这样做对售后服务人员的能力要求比较高，特别是对其换位思考的能力要求比较高。

阿里巴巴的创始人马云在互联网大佬中是罕见的技术外行，他每次给研发部门提出的设计要求都让程序员们感到非常古怪。但马云认为，绝大多数消费者都不像程序员那么精通计算机技术，公司研发产品时要考虑这些用户对操作简便性的要求。事后证明，马云的预判是准确的。阿里巴巴注意到了大部分不擅长操作高科技设备的用户的痛点，在产品设计阶段预先解决了这个问题，让用户在使用阿里巴巴产品时感到更为顺手。阿里巴巴的迅猛发展与这种以用户为中心的价值观是分不开的。

越优秀的人，越容易把自己的情况当成普遍情况，并忽略一般人的感受。这就需要我们经常转变思路，把自己代入用户的体验感受当中。口碑营销团队应当与售后服务团队密切合作，共同跟踪了解用户对产品的反馈意见，找出用户的痛点。唯有如此，才能让用户给予公司更高的评价。

专家视角

顾客喜欢哪项线上服务，是自然选择的结果。海底捞除开始阶段出于培养用户习惯的需要而使用补贴外，最终还是要将用户选择回归自然。即取消补贴，看顾客究竟喜欢哪项服务，这种服务恰恰是能给顾客带来方便的服务。比如我们在与BAT的合作中，刚开始都使用了补贴，后续又逐步取消。对于海底捞来说，任何线上入口都只是一个入口，我们不会强迫顾客使用一个他不喜欢的入口，顺其自然就好。

——海底捞CIO（首席信息官） 施琦

第九章

误区警告：扭转负面口碑不如事先避开陷阱

口碑就是商誉，商誉是商家的立足之本。不少传统行业的百年老店，就是因为一两个负面新闻而砸了招牌。互联网的放大效应既能让好口碑一传千里，也能让坏口碑的负面影响成倍上升。所以，口碑营销应立足于打造产品品牌的好口碑，避免传出坏口碑。如果不能扭转负面传闻，消费者就会将你列入交易黑名单。

误区一：对用户的反馈爱理不理

要点提示

1. 用户的反馈意见不是洪水猛兽，应当给予足够的重视；
2. 不及时回复用户的意见，可能会导致他们在互联网上对公司进行口诛笔伐，进而引发声势浩大的抵制活动。

尊重用户的反馈意见，你才能获得好声誉

做口碑营销一定要具备服务精神和平等意识。如果营销团队和客服团队缺乏这两样东西，公司的口碑永远都立不起来。最能反映服务精神和平等意识的环节，就是商家对用户反馈意见的态度。

前面说到现在的消费者都非常重视参与感，所以企业应该满足他们的这种需求。具体而言就是让他们参与企业组织的各种活动，甚至让他们成为整个营销流程的顾问和义务测试员。无论采取什么样的形式，保持密切的互动都是最关键的。而互动的最基本方式，就是回复用户的反馈意见。

这里的反馈意见包括正面的建议与负面的投诉。只要不是那种挑战道德底线的刻意捣乱，口碑营销团队就应该尽可能地及时回复用户的各种评论。假如评论太多忙不过来，可以挑选其中最有代表性的评论进行回复，并将此作为回复一切同类问题的模板。

用户里往往藏龙卧虎，但并不是每个人都能提出中肯的好主意。所以，营销团队要注意区别对待。对于那些好点子，公司要高调地采用和公开地表扬。对于不切实际的建议，公司要对用户表示感谢，然后耐心解释不采纳的理由。对于投诉意见，公司要以最快的速度调查清楚并给出解决方案。

假如不愿意为投诉者提供应有的反馈及解决方案，他们就会心生怨恨，在社交媒体上以各种形式声讨企业。这很可能会让公司陷入负面口碑带来的信任危机中。

案例研究

加拿大“马克斯韦尔之子”乐队的乡村音乐家戴夫·卡罗尔有一次随乐队去美国内布拉斯加州演出。他们乘坐的是美国联合航空公司（简称“美联航”）的客机，中途要在美国芝加哥转机。由于美联航客机上的行李架太小，戴夫·卡罗尔不得不把心爱的价值3500美元的吉他和其他行李一同托运。当他们在芝加哥的机场下飞机取行李时，搬运工粗暴地把行李箱抛到一边，摔坏了戴夫·卡罗尔的吉他。

戴夫·卡罗尔先后向乘务员、乘务长求助，得到的只有相互推诿。事后，他与美联航关于赔偿问题进行交涉，谁知扯皮了整整九个月后，美联航的回复依然只有“爱莫能助”。

戴夫·卡罗尔非常气愤，干脆发挥自己的文艺专长，把自己的遭遇写成一首歌，即《美联航摔坏吉他》：

我乘坐联合航空公司在飞往内布拉斯加州的途中，
飞机从哈利法克起飞，在芝加哥的“奥黑尔”机场转机，
在转机时，我身后的一名乘客突然说：
“天哪，他们在扔吉他！”

乐队成员和我互相看了看，感觉只能用恐怖来形容，

在地上搬运行李的动作，就像发炮弹一样。

在起飞离开芝加哥之前，我提醒了机场的三名雇员，

她们完全一副漠不关心的样子。

美联航啊，美联航，

你们弄坏了我的“泰勒”吉他

美联航啊，美联航，

你们真是帮了大忙

……

音乐视频《美联航摔坏吉他》在上传后的24小时中，就收到了400多条评论。到了第十天，该视频的点击量高达300万，评论数多达1.4万条。评论者大多有过与戴夫·卡罗尔类似的遭遇，共同的不满让他们不断向别人扩散这首讽刺歌曲。美国《时代》周刊还把这个视频评为那一年的十大最热视频之一。

美联航万万没想到，《美联航摔坏吉他》才上传了四天就让自己的股票马上暴跌10%，1.8亿美元市值瞬间蒸发。这样一来，素来傲慢的美联航慌了。他们向戴夫·卡罗尔道歉并赔偿，还声称要用这个视频告诫新老员工提高服务水平。这次由众多网友愤怒情绪卷起的龙卷风才逐渐消退。

不要小看口碑的影响力

在上述案例中，美联航为自己的傲慢付出了沉重的代价。其中一个重要教训是忽略了口碑的传播效果。

戴夫·卡罗尔是一个有才华的社会名人，但仅凭他一己之力无法撼动树大根深的美联航。否则，他也不至于跟美联航扯皮长达三个季度。然而，口碑就像火种，众人拾柴火焰高。无数人微言轻的无名小卒聚集在一起倒苦水，让事件的影响力越来越大，引发的大众情绪趋于失控。而最喜

欢捕捉社会矛盾做关注焦点的新闻媒体，必然会闻风而动，以求增加自己报纸的发行量。在口口相传的过程中，社会各方势力逐渐参与其中，让口碑对整个社会产生巨大的影响。

由于负面消息的广泛传播，美联航的股票在舆论波及下陷入不利局面。顾客的抱怨声并不会让公司高层感到刺耳，但市值蒸发如同割掉心头肉。沉重的现实压力督促美联航上下学会了痛定思痛。

从本质上说，美联航并非败给了戴夫·卡罗尔的原创讽刺歌曲，而是被迫为社会舆论带来的经济恶果埋单。

由此可见，尽管不是每一条用户反馈意见都能引发巨大的社会反响，但如果商家对此不够重视，迟早有一天会背上负面口碑的包袱。

专家视角

顾客喜欢你或者恨你，或对你漠不关心，都不是无缘无故的。要点是必须激发出拥趸们的热情，然后他们才会谈论你的公司。如果他们已经从你那里得到了自己喜欢的东西，那么你就能以此为口碑营销的基础。如果你做了某些事令他们讨厌或无视你，那么就必须在操心其他事情之前及时处理这些不满的声音。

——安迪·赛诺维兹

误区二：盲目跟踪热点话题

要点提示

1. 盲目跟踪热点话题，并不一定能实现借势营销的意图；
2. 不恰当地“蹭热点”行为可能会招致消费者的反感。

借势营销要会看风向

“蹭热点”是口碑营销的一种常用办法。通过参与热门话题来引发大众关注，增加营销信息的传播效率，的确是一个不错的思路。但是，并不是每个热点都适合拿来做借势营销，也不是每个营销号都能利用好热点中隐藏的价值。弄巧成拙的情况屡见不鲜。要怪就怪营销人员盲目跟踪热点话题，却忽略了目标客户群体的价值观取向与实际情感需求。

不同群体关注热点消息的动机存在差异，表现出来的态度更是千差万别。有的人可能纯粹是抱着看热闹不嫌事大的心态参与热点讨论，有的人则是认真严肃地表达自己的立场。每一个热点话题都会把人群撕裂成不同的阵营，特别是社交媒体的普及，让这种“站队吵架”的现象越来越频繁。

当然，不管舆论里面包含了多少种嘈杂的声音，肯定会有一两种主流意见影响着整体风向。关于这一点，商家在蹭热点时千万要注意。如果跟风没跟好队形，很可能人气还没涨上去，群众的抨击就已经滚滚而来。

出现这种情况通常只有一种原因，那就是商家没有分辨清楚舆论中的主流意见，在跟踪热点时发表了与主流风向背道而驰的意见。正如大家欢欣鼓舞时，你跳出来煞风景；大家心情沉痛时，你却嬉皮笑脸。怎能不让大众感到反感呢？

还有一种跟风误区虽然不至于犯众怒，但没能戳中大家感兴趣的点，导致营销效果平平。

案例研究

2016年的4月1日，众多商家都想蹭西方愚人节的热度来搞节日营销。其中，知乎开发了新的功能产品“值乎”，很快形成了刷屏的效果。

“值乎”的使用方式很简单。用户先发起一个提问，填写答案并设置金额，再分享到自己的朋友圈里。好友们可以选择是否愿意支付这笔金额，付费之后“刮开”页面来看答案。假如对答案感到满意，钱就归答案的作者；假如不满意，钱就归知乎官方。

出人意料的是，这个类似病毒营销的产品在朋友圈意外地走红了，好问题与好回答可谓倍受青睐。想当初，微信推出付费看照片的新功能时，被用户骂得狗血淋头。所以谁也没料到“值乎”这种付费看回答的产品会那么受欢迎。

遗憾的是，“值乎”在短暂爆红后很快归于沉寂，知乎转而开放另一款“知乎live”产品。虽然知乎在蹭愚人节这个热点上很成功，但后续发展并不给力。许多商家抓愚人节的热点，其实就是想趁机试探市场反应。如果成功了自然好说，就算出了问题也可以推说“愚人节快乐，这是开玩笑”。

有营销专家指出：“这类产品（付费类问答产品）都是利用内容的稀缺性和专业性作为交换资源，如何吸引更多优质提问，如何让更多优质分享者来分享，如何让优质内容流出，如何处理不满意的内容，都将可能影响后续产品的生命。”

由此可见，光靠蹭热点来传播口碑是不够的，必须以好产品与好服务为依托，才能让口碑营销保持后劲。

做热点营销的经验教训

借热点话题来扩大信息传播力是口碑营销的老套路了。职业段子手天天都在给最新热点写段子，企业公众号也乐此不疲。但参与炒热话题的人多，取得营销成果的商家少。可见做热点营销还是有一定门槛的，尤其要注意以下几个方面。

1. 力求在第一时间把握住热点

热点的价值在于时效性，第一时间出手才能让影响力迅速扩张。随着时间的推移，热点会逐渐冷却下来。第一轮热议是口碑传播的最佳时机，如果错过了，第二、第三轮热炒的效果会大大降低。所以，口碑营销团队一定要在热点出现后迅速制定对策。

2. 不要犹豫不决，不要过于追求完美

当热点事件处于萌芽状态时，很多人可能有个隐约的感觉，但不敢肯定该事件是否会成为真正的热点。于是在观望过程中，错过了借势营销的良机。热点的出现具有突发性，营销团队只要看到萌芽，就应该行动起来，制作相关内容。尽管有可能会发生误判，但并不会给公司带来太高的成本。假如为了精心制作一个完美的东西而畏首畏尾，竞争对手必定会抢先占据有利位置，吸引广大用户的注意力。

3. 蹭热点也要有分寸感

一般来说，蹭热点事件是利用了人们看热闹不嫌事大的群体心理。但是，善于借势的人只是顺势把自己弄成下一个热点，而不会对原热点事件的主人公落井下石。用户虽然喜欢看热闹，但并不待见落井下石的营销号。所以，做热点营销时应该以不伤害当事人为底线，可以调侃，但不能把人家踩到脚底。否则，物极必反，商家就会成为用户们群起而攻之的对象，导致口碑一落千丈。

专家视角

和很多有力工具一样，如果使用不当，提高可观察性也会产生意外的效果。如果你不想让人们做某事，那么就不要告诉他们别人都在做这件事……即使是大多数人都行事正确的情况下，谈论那些做错事的少数人也会激励人们屈服于错误的诱惑。如果要阻止某种行为，就应该让更少的人看到它，即变公开为隐私，降低这种行为的可观察性。

——乔纳·伯杰

误区三：把伪需求当成真需求

要点提示

1. 网络上的市场预测数据不一定等于现实中消费者的真实需求；
2. 把伪需求当成真需求，会让企业的口碑营销陷入南辕北辙的困境。

警惕数据迷信

大数据技术的出现为口碑营销带来了很多便利条件。通过实时采集用户数据，商家可以更全面更准确地了解目标客户最近的消费状况，统计出消费需求曲线的变化，估算出对方下一次需求点出现的时机。这样一来，商家就可以为目标客户提供更精准的人性化服务，从而获得更好的口碑评价。

但凡事有利也有弊，越是便利的东西，就越有可能隐藏让你下陷的坑。用户数据也是如此。

以影视行业为例，最近几年的影视作品越来越趋同化，制作水平也越来越粗糙。但是，很多“雷剧”抓住了某个特定观众群体的审美偏好，获得了很高的收视率。而这些狂热的粉丝也积极为自己“爱豆”（即偶像）参与的“雷剧”叫好，谁批评这些作品粗制滥造、演员缺乏演技，他们就为自己的“爱豆”千方百计地打掩护。

由于狂热粉丝的存在，让收视率与用户流量大增。由此产生的数据表面上是市场反馈的结果，实际上只是一部分观众淹没了其他观众的声音。这使得制片方热衷于投资“雷剧”圈钱，而不肯花力气去制作精良严谨但不利于快速圈钱的影视作品。长此以往，整个影视行业将在用户数据的误导下自毁根基，无法发展成为一个健全的影视产业。

其他行业也存在类似的情况。用户数据有时候并不能完整地反映实际的市场需求，导致决策者把伪需求当成真需求。结果经过激烈的市场竞争后，伪需求的泡沫就会被戳破，企业也变得入不敷出。

案例研究

团购网站创业热潮在2010年兴起，到2013年时初步划定市场格局。美团网在2013年12月31日的单日销售额突破1亿元，而24券、拉手网等众多团购网站却不得不黯然落幕。最终，“千团大战”的跃进式发展时代不复存在。

24券曾经位居团购网销售额TOP榜10多年，但从2012年下半年开始变得内忧外困。市场份额的萎缩令其难以保持足够的业绩，而管理层与股东的内部矛盾也日益激化。最后，24券只得在2013年1月正式关闭网站，离开团购市场。

拉手网的销售额曾经多次名列三甲，是团购行业中当之无愧的一大巨头。然而，同样是从2012年下半年开始，拉手网祸不单行。创始人吴波离开拉手网，然后在2013年时重新创业。在此之后，拉手网取消了IPO（首次公开发行股票，或者说新股上市），在内部进行裁员，调整了许多业务，还尝试布局O2O。2014年10月20日，宏图三胞母公司三胞集团确认签约收购拉手网。2014年10月25日，拉手网CEO周峰离开拉手网，这意味着拉手网原先的大部分核心管理成员都已离职。

这些团购行业的创业公司在三四年中投入了大量资金、人力、资源，扩张速度十分迅猛。然而，团购行业最大的问题是毛利率仅在5%到10%，远低于传统行业的毛利率。这使得资本市场并不看好这个理论上需求极大但实际回报率并不高的新兴行业。所以，除了少数卓有成效的团购巨头外，大多数团购网站都倒在野蛮生长的路上。

当心遇到伪需求

市场有风险，经营需谨慎。不少创业公司以为自己找到了市场中尚未开发的潜在沃土。于是就投入大量资源和时间，历尽千辛万苦推出了一款高质量的产品，结果却发现用户并没像想象中那样喜欢这款产品。最终押错了宝，浪费了资源，轰轰烈烈的创业遭遇了滑铁卢。

这就是误把伪需求当作真需求的下场。做口碑营销也要警惕这个问题，你自认为解决了用户的痛点，但他们并不买账，不愿意持续为你埋单。因为你的产品虽然解决了用户感觉不太舒服的某些问题，但并不足以提升产品本身的附加值。那些痛点对他们来说可能并不是无法忍受的，而解决痛点的新方案带来的成本增加、操作复杂化等问题，让用户感觉得不偿失。所以，他们并不领情，不肯为你改进的东西多花钱。

需要注意的是，伪需求并不是没有需求，只是，这种需求的市场并不如想象中那么大，至少暂时还没形成足以震撼市场的发展前景。当企业掉进了伪需求的坑后，为了保持用户流量和口碑，企业不得不持续投入资金来稳住庞大的用户流量。但这种做法长时间内得不到真正的利润，公司最终会因资金不足而退出市场，口碑就成了笑柄。

专家视角

我们看似已经进入大数据时代，到处都是各种各样的大数据产品。但我可以负责任地讲，90%的大数据产品——

要么，是闭门造车、臆想出来的“伪需求”，没有真正解决客户的需求和痛点，所以才会没人埋单；

要么，是概念导向、占领客户大数据认知的“假产品”，已经先入为主，让真正的大数据产品推广更加困难。

——原力大数据创始人兼CEO　江颖

误区四：向消费者许下无法兑现的承诺

要点提示

1. 向消费者许下一定的承诺，有利于提升品牌形象；
2. 向消费者许下无法兑现的承诺，是一种饮鸩止渴的口碑营销策略。

口碑营销大忌：轻诺寡信

轻易许诺的人不可信任。因为他们从来不考虑自己是否有能力兑现承诺，老是许下力有不逮的承诺，最终拖到无法兑现，只能放别人的鸽子。不少商家也存在这个毛病，不能正确估计自己的力量，向消费者做出兑现不了的承诺，结果到头来弄得自己焦头烂额、声名狼藉。

口碑问题本质上是信用问题。良好的商誉意味着企业诚实可信，消费者可以放心与之交易，而不必担心上当受骗。为了强化自己的诚信形象，提升服务竞争力，商家往往会对消费者做出一些商业承诺，例如：产品送货上门和保修；在规定条件下退换货；帮产品更新升级；等等。这种充分保障用户利益的做法，会给消费者带来更多安全感，从而赢得他们的好评。

当然，赢得好评的前提是商家能把这些承诺落到实处，而不是停留在许诺阶段。否则，消费者反而会更加怒不可遏，对商家彻底失去信任。轻则舍弃该品牌，改选其竞争对手的产品；重则在社交媒体上制造舆论，声讨说话不算数的无良商家。到那时，后果不堪设想。

所以，企业在做口碑营销时一定要记得“轻诺寡信”四个字，维护自己的诚信形象。口碑不是从天上掉下来，而是诚实守信的产物，一旦许诺了，哭着也要做完。

案例研究

2013年4月，现代汽车集团为了在英国推广低排放汽车，制作了一个名为“Pipe Job”的广告。

这则广告标新立异，甚至有打社会底线擦边球的嫌疑。在广告中，一名生无可恋的男子试图以吸入汽车尾气的方式自杀。他在车库里准备了几个小时，最终自杀失败。广告的最后写着“新款IX35，100%水蒸气排放。”言下之意是现代IX35汽车是低排放汽车，尾气非常环保，所以自杀者无法利用这种途径来结束自己的生命。

广告有黑色幽默的意味，但是英国消费者的社会观念比较保守，对这则不尊重生命的广告有些反感。令现代集团始料不及的是，伦敦一位从事数字广告行业的女士在博客上发表了一篇文章，文章称其父亲就是用吸入汽车尾气的方式结束生命的，并附带了自杀现场的照片为证据。那位英国女士在文章结尾处生气地强调：“我的父亲从没有驾驶过现代汽车，多亏了你们，我也不会。”

这篇博文如同投入湖中的巨石，一下子在社交媒体上掀起了层层波浪。成千上万的网友转发扩散此文并表达了自己的愤慨。现代集团不得不在汹汹舆论前撤销了这则有争议的广告，并在一个月内两次公开道歉。其新闻发言人承诺：“有些人认为IX35的广告具有冒犯性，我们对此表示抱歉。我们已经删除了这则广告，并且不会在任何场所使用。”

由于这则广告不尊重生命，而且许下了“汽车尾气干净得让人无法自杀”这个无法兑现的承诺，现代汽车及其代理商在英国市场留下了负面口碑。该事件对公司品牌的消极影响持续了很久。

信用为王，言行一致

有个笑话说的是，犹太商人有两条重要的成功经验：一是哪怕是让自己倾家荡产的承诺，许下了就一定要兑现；二是不要许这一种诺言。其实这则段子里包含着关于口碑营销的真知灼见。

做口碑营销树立的是诚信形象，“诚信”二字主要体现在兑现诺言这点上。许下什么诺言就一定要兑现，这是理想中的价值观。在商业运作过程中，百分之百地兑现承诺才能征服所有人。不过，能否兑现给消费者的承诺，主要取决于企业自身的管理、服务体系是否完善，准备工作是否充分。

比如，某公司举办某些回馈客户的活动，许诺发出多少个特定的奖品。在正式举办活动时却发现，特定的产品数量不足，于是改以其他同等价格的物品取代该奖品。这种做法就违背了诚实守信的原则，没有兑现自己给消费者的承诺。

因此，商家在做商业承诺之前，既要考虑自己的实力够不够兑现承诺，也要在营销活动中做好充分的准备，避免言行不一的问题。

口碑传播支付的成本远小于传统广告宣传平台，但在坚守对消费者的承诺上，商家应该抱着不害怕蒙受损失的积极心态去贯彻。这种坚决兑现承诺的劲头会让广大消费者对你刮目相看，使得口碑逐渐树立起来。

专家视角

口碑营销，只有在人们相互信任，真诚交流自己喜欢什么和不喜欢什么时，才能见效。绝不能伪造口碑。因为一旦失去了信任，口碑就一文不值。你可能在短时间内欺骗少数人。但是最终，人们会发现你在骗人。于是你将陷入难堪、四面树敌、销售下降的局面……原本期望造就的正面口碑，都会变成负面的。正是那些你散布的虚假信息，让你的听众对象在觉察出自己受骗上当后，在网上大量散布对你公司的攻击言论。公司因此而丢掉的生意，远多于原来期望得到的。

——安迪·赛诺维兹

误区五：把周期性受众视为忠实粉丝

要点提示

1. 产品受众分为周期性受众与长期受众；
2. 做口碑营销一定要选对自己的核心受众群体，提高他们的归属感。

受众的类型差异

每一个商家都希望自己的拥趸越多越好，期盼每个产品用户都能成为铁杆粉丝。这显然是个美好却不切实际的想法。市场中的同类名牌产品琳琅满目，有些消费者兼爱好几个牌子的产品。他们既是A品牌的粉丝，也是B品牌的粉丝，而不是只给一方带来业绩。那种死忠于单一品牌的消费者总体上是比较少的。更多时候，各个商家是在跟同行比拼自家品牌在消费者们心中的权重，谁的权重高，谁就能拥有更多拥护者。

企业的口碑营销主要是针对自己的产品受众展开的，品牌忠诚度较高的铁杆粉丝也是从这个群体脱颖而出的。在发展粉丝的时候，营销团队应当注意区分自己的产品受众类型。

一般来说，产品受众可以分为周期性受众与长期受众两个基本类型。

周期性受众的需求只是暂时性的，并不稳定。当他们刚好在需求周期时，看起来就像其他忠实粉丝一样热衷于传播公司的口碑。但周期过后，他们就不再有需求，从而会淡出公司的视野。长期受众的需求是稳定而持续的，他们对公司产品的热情不会有周期性倦怠。他们在任何时候都能积极地替企业传播口碑，维护公司的品牌形象。

毫无疑问，只有长期受众才能进化为铁杆粉丝，而口碑营销的主要经营对象也应该是这个群体。遗憾的是，很多商家没有意识到这点，经常把周期性受众当作长期受众来经营，使得自己费力不讨好。

案例研究

MSN在中国的“5·12”汶川大地震发生后，与广州丰田联合策划了一次“MSN彩虹行动”。彩虹行动的内容是：当MSN用户在自己的MSN名字前面加上一个“（R）”，名字前就会出现一道彩虹，同时广州丰田会捐出10分的救灾捐款。这个具有公益性的活动很快在MSN上广泛传播。一时间，大多数MSN用户的名字前几乎都挂了一道小彩虹。然而，跟同年的QQ线上火炬传递活动相比，MSN的彩虹行动影响力要逊色很多，给中国网民留下的印象也平淡得多。因此，从口碑营销的角度而言，可以视为一个失败的案例。

造成这个局面的原因主要有两方面。

一是因为QQ的用户基数远远超过MSN。当时MSN的主要用户群体是白领，活跃用户实际上不多。QQ在2008年的注册用户多达四亿，实际上的活跃用户也有两亿。就算MSN的彩虹行动覆盖到所有用户，而QQ只有一半的活跃用户参与火炬传递活动，彩虹行动在中国互联网用户中的普及率也远低于火炬传递活动。

二是因为当时各大商家都在搞爱心活动支持赈灾，MSN的彩虹行动在众多活动中并没有令人印象深刻的特点。那一年恰好也是北京奥运会举办之年，奥运圣火火炬从希腊经由世界各国一路传递至中国，又在中国各地辗转一番后进入北京。QQ与可口可乐等国内外名企推出线上火炬传递活动，迎合了中国消费者当时最关注的奥运火炬在线下传递的活动。相比之下，MSN的做法和普通的爱心活动没什么两样，也就无法与中国消费者产生更多的共鸣。

资源向忠实粉丝倾斜

市场中绝大多数人可能都有购买你产品的消费能力，但并没有与之对应的消费需求。周期性受众会在特定的阶段需要商家提供的产品或者内容。不少企业做口碑营销的一个失误就是把太多的金钱和时间用来转化周期性受众。

应该说，把潜在消费者转化为粉丝的思路并不是错误的，但周期性受众由于种种原因确实没有那么稳定的需求。你花再多精力去改变他们也无济于事。对于这群人，商家只要搞清楚其需求曲线，就可以只在其阶段性需求出现时再临时改变营销重点，平时不需要投入过多。

相比之下，那些忠实粉丝的重要性比周期性受众要大得多。他们本身来自于公司的核心受众群体，消费需求量大而持久，品牌忠诚度极高。遗憾的是，有些公司高层认为，亏待这些人不会对他们的品牌忠诚度造成太大的影响。殊不知，忠实粉丝虽然会为自己心爱的品牌而“疯狂”，但他们对尊重的需求更高。自己为品牌口碑的传播贡献巨大，但公司却忽略自己的感受，把自己的热情视为免费白开水。这无疑会导致忠实粉丝跟企业离心离德、渐行渐远。

所以，有远见的公司永远把扶持铁杆粉丝放在第一位，使资源向其倾斜，借助他们的示范力量来带动更多普通用户转化为忠实粉丝。说白了，谁能给口碑营销带来最大助力，公司就应该重点经营他们。

专家视角

稀缺性和专属性会让人们觉得自己是内部人士，从而促进口口相传。如果人们拥有其他人没有的东西，就会觉得自己很特别，独一无二，并且地位很高。也正是因为这样，他们不仅会更喜欢某种产品或服务，还会到处传扬。为什么呢？因为告诉别人会让他们很有面子。拥有内部人士知道的消息就是一种社交货币。当人们排队等待数小时买到了最新的科技产品，他们做的第一件事就是晒给别人看，“瞧瞧，我买到了什么？”

——安迪·赛诺维兹

误区六：消极处理负面口碑

要点提示

1. 遏制负面口碑的传播是口碑营销中最复杂、最困难的内容；

2. 消极的处理方式只会让负面口碑越传越广。

不可轻视负面口碑的处理

所有人都说好和所有人都说不好都是反常现象，正常的情况是有的人说好，有的人说不好。区别在于说好的声音多还是说不好的声音多。无论商家如何努力，总会有做得不到位的地方。而且世界上确实存在吹毛求疵、蛮不讲理的顾客。总之，再成功的企业也会有负面新闻。而在口碑营销活动中，最棘手的问题就是阻断负面口碑的传播。

安迪·赛诺维兹教授指出："负面口碑的问题出现后，是不会自动消失的。人们会不停地说下去，负面的故事将流传开来，永久性地损害你的声誉。如果袖手旁观，事情只会越来越糟……负面口碑的解决方案，是做更多的口碑营销。事实上，应对负面口碑所应该做的许多事情，恰恰就是为赢得好口碑本该已经实施的同样措施：走出去，参与讨论，参与交谈，结交新朋友。负面的口碑可以是大好的机会。别忘了，口碑大量来自从批评者转为粉丝的那些人。解决人们的问题，是造就谈论你的忠诚粉丝的最好办法。”

由此可见，应对负面口碑最糟糕的策略是听之任之，正确的做法是积极解决抱怨者的问题，赢得他们的信任，将其转化为新的粉丝。

遗憾的是，很多商家对这个问题并不上心，自恃财大气粗、根深蒂固，对负面口碑装聋作哑。到头来，毁掉了自己积攒多年的好口碑，导致有形资产和无形资产双双缩水，甚至被迫从某些经营已久的市场中退出。

案例研究

在三星集团的发展史上，2016年可以说是流年不利，三星Galaxy Note7手机出现多则因充电而爆炸的负面新闻。“爆炸门”事件在美国、中国等地先后出现，而且自三星手机爆炸之后，销往美国的三星牌洗衣机也再三出现爆炸问题。

根据外国媒体报道，美国德州一户居民全家正在看电视节目时，洗衣房忽然响起了爆炸声。他们急忙过去查看，发现三星牌直筒洗衣机的钢圈已经炸飞，碎片四散，旁边的冰箱、烘干机等家用设备与墙壁都有不同程度的损伤。

美国安全委员会CPSC在此之前就向全国消费者表示：已经收到多起三星揭盖洗衣机的爆炸报告，并提醒消费者在选购三星牌洗衣机时要慎重。

在全球消费者普遍抗议的压力下，三星集团宣布召回在美国市场销售的该款洗衣机，但在舆论上早就为时已晚。

此外，三星手机爆炸的消息刚在美国和中国出现时，三星集团采取的是傲慢的态度，还扬言要追究造谣者的责任。然而不久之后，中国与美国消费者又多次遭遇“爆炸门”事件，但三星的舆论公关并未正面认错，而是把责任推给手机电池供应商。后来，在舆论压力下，三星才被迫宣布从海外多个市场召回该款手机，却又把中国市场排除在外，引起中国消费者的不满。

三星见自己的形象变得越来越负面化，就让三星中国分部高层采取下跪谢罪的方式来向中国消费者道歉。谁知此举被中国消费者解读为三星高层让中国籍员工背黑锅，反而令事件火上浇油。事后，三星又反复对此事进行解释，结果却越描越黑。中国各大城市的手机卖场也不同程度地用其他品牌取代了一部分三星展台。

处理负面口碑的基本原则

处理负面口碑的着眼点是消除负面影响，而不是在意见分歧中击败所有粉丝。争强好胜只会表现出商家缺乏担当、不尊重消费者的品格缺陷。其实，只要企业平时态度端正，偶尔出现一些错误时能尽快道歉和解决，粉丝不仅会表示理解，还会主动说服其他消费者给予谅解。所以，口碑营销团队在处理负面舆论时应当做好以下几点。

1. 把消费者的批评意见纳入公司决策当中

他们为什么要抱怨？他们的抱怨是否有道理？公司在弄清楚情况后，应当及时发表声明，该检讨的就检讨，该解释的就解释，最后要拿出虚心接受大家批评的姿态。

2. 让铁杆粉丝代替你来做解释

当商家与消费者陷入对立时，商家的解释并不一定能得到消费者的信任。因为双方立场相反，对方的动机在紧张时期总是很可疑的。而粉丝本身也是消费者，他们平时支持你，在危难时刻依然希望你能挺过去。由他们来做解释，更容易说服其他人。需要注意的是，粉丝帮你做解释是出于朋友情分，而不是被你收买。粉丝解释应当就事论事，而不能变成商家组织水军围攻批评者的那种做法。

3. 反应速度越快越好

无论你采取怎样的对策，时效性就是生命。当负面评价初露头角时，口碑营销团队就应该在第一时间做出初步回应，不能拖延时间。这样才能尽早遏制负面情绪在人群中迅速蔓延，为双方下一步的沟通协商创造机会。

专家视角

忽视口碑谈论有两个重大风险：一是口碑消失；二是口碑转为负面。如今，如果你在顾客谈论时不与他们交谈，那就很有可能受口碑的反冲击，而更大的风险是，如果你被认为是游离于口碑谈论之外，或者说出于虚荣自负而不屑参与，这种行为本身，就形成了不良口碑，流传开来。

——安迪·赛诺维兹

误区七：完全被粉丝思维牵着鼻子走

要点提示

1. 粉丝思维是口碑营销的一个基本点；
2. 部分粉丝的想法不能代表全体意见，盲从者会错过合理的发展机会。

粉丝思维：一把双刃剑

粉丝经济在很大程度上是一种以调动粉丝情绪为手段的商业模式。绝大部分有粉丝自觉性的用户，都会有强烈的好恶观，表达意见的方式比较情绪化。虽不能说铁杆粉丝中绝对没有头脑理智的人，但相对而言，粉丝的思维通常是比较感性的，而且性情多变。这是一个有利也有弊的不确定因素。

当商家的营销手法符合粉丝的心意时，粉丝会以狂热的态度支持商家，并且自觉维护公司的品牌口碑，甚至不惜与抨击者大打口水仗。

然而，商家只要哪一点做得不够到位，很可能会招致粉丝团猛烈的口诛笔伐。他们天天组队在你的官方微博评论里冷嘲热讽、说各种难听的话，甚至为泄私愤而散布谣言。这样一来，商家的口碑营销就彻底宣告破产了。

所以，做口碑营销的企业不能只看到粉丝对自己有利的一面，也要看到其潜在的弊端。此外，企业不能看到哪个名人的粉丝多就与之合作，而不考虑对方的特点是否符合品牌形象要求。若是处理不当，可能两头不讨好，别人的粉丝挖不到，自己的粉丝也有怨气。

案例研究

益达木糖醇曾经以多个系列的微电影给广大消费者留下了深刻印象，取得了良好的口碑传播效果。益达集团为了扩大品牌影响力，决定改变原先的宣传风格，先后推出了《小四篇》《苏炳添中国影响力篇》《结婚篇》等风格各异的短片。这三个短片都以#笑出强大#活动为主题，以讨好不同的粉丝群体为目标。

《小四篇》选择了在商业上十分成功但风评极具争议性的郭敬明为广告片代言人。郭敬明主创的《小时代》系列电影虽然得到很多差评，但在铁杆粉丝的狂热支持下依然取得了不俗的票房，给影视界带来了很大的冲击。益达看中了郭敬明的争议性与粉丝量，试图将其打造成一个虽不讨好却“笑出强大”的励志形象，但结果毁誉参半。

《苏炳添中国影响力篇》的男主角是第一位进入10秒关口的亚洲本土选手、创造了亚洲田径历史的我国100米短跑名将苏炳添。该广告片的主要受众是田径爱好者，跟《小四篇》的画风差别极大。

《结婚篇》的逃婚新娘故事则以女性消费者为营销对象。

这三部广告短片的内容中规中矩，传达的“既不讨好他人，也不用他人来讨好”的处事理念跟益达产品没有太好的结合点。所以未能像过去的益达微电影那样在消费者中引起广泛呼应。

重视粉丝但不迷信粉丝思维

口碑传播离不开粉丝，但过分依赖粉丝会让企业逐渐对市场失去清醒的判断。因为粉丝队伍是一个感情色彩极浓厚的群体，有着强烈的好恶观。口碑营销在很多时候是在利用他们的情绪力量来扩大传播面积。但粉丝长期生活在价值观趋同、交流方式碎片化、行事风格情绪化的氛围当中，很容易演变成一股狂热的极端力量。

其实，粉丝团里真正发声的只是少数人。除去少数意见领袖外，还有一批不擅长制造原创内容但热衷于表达意见的人，剩下的大多数往往比较沉默，只是以点赞和转发的形式来表达对某种观点的支持。这种天然结构导致粉丝团要么狂热地一致对外，要么内部经常有争论，最终分分合合，演变情况复杂多变。

由于粉丝大多是以情绪脑看问题，只有少部分人坚持以理智脑思考，所以他们发表意见时很容易变成一种拉帮结派划分阵营的场面。当粉丝支持你时，连你的黑点都当成萌点来说，毫不在意外界的质疑。一旦他们跟你有分歧了，就会把你捧杀得一无是处。前者姑且可以为商家带来一些正面口碑（不排除造成“高端黑”式的影响），后者肯定会给商家造成负面影响，把那些不明真相的消费者和潜在消费者吓跑。

所以，企业做口碑营销时要重视粉丝队伍建设，努力保持粉丝团的高素质，不能让粉丝队伍像杂草一样野蛮生长，否则粉丝团迟早会变得乌烟瘴气。

专家视角

回想一下，很多大明星都很有影响力，但是一旦被曝出吸毒等行为，各种作品、产品、代言就会被封杀，很多粉丝由粉转黑……粉丝经济结构瞬间瓦解。可以看出粉丝经济结构是围绕一个中心点建立起来的，所以是一个一对多的连接结构，强调的是向心力，一旦中心点缺失，这个结构就很难维持。

——《社群营销：方法、技巧与实践》作者　秦阳

第十章

价值变现：用户满意度就是最好的财源

口碑是可以变现出价值的，否则就不会有口碑营销这种商业手段了。假如不能把人气与好评变现为经济价值，口碑营销就失败了。口碑营销的最终目的是促进销售，叫好不叫座的尴尬现象只能说明工作不到位。商家做的种种工作，都是在为某种盈利模式服务。通过了解这些互联网盈利模式，我们可以更好地把握口碑营销的要点。

塑造口碑的目的是变现价值

要点提示

1. 口碑营销的最终目的是将好声誉变现为经济利益；
2. 不能变现出价值的口碑，就失去了实际意义。

制造口碑是为了变现价值

新媒体时代的互联网经济环境让“名”与“利”高度结合。“名”（口碑）能带动人气，人气能转换为“利”（经济价值）。这点已经被事实反复证明。

新浪微博2016年第一季度财务报告显示：“截止到一季度末，微博月活跃用户达到2.61亿，同比增长32%，日活跃用户达到1.2亿，同比增长35%。与上一季度相比，微博月活跃用户净增2600万，日活跃用户净增1400万，均创下上市以来最大单季增幅。商业化方面，微博一季度总营收7.77亿元，同比增长29%，高于此前的业绩预期。当季微博盈利1.05亿元，同比增长529%，大幅超出华尔街平均预期的5090万人民币，并连续6个季度盈利。”

短短一年时间，微博活跃用户净增几千万，比去年同期增加了35%，而商业收益更是比去年同期增长了529%。由此可见，用户流量与口碑人气不仅能转化为金山银水，升值潜力还比我们想象中更大。

这就是国内外众多互联网企业纷纷践行口碑营销的根本原因，也是无数传统行业的企业千方百计地要挂靠“互联网+”背景的根本原因。

案例研究

英国百货公司约翰·路易斯（John Lewis）创办于1864年，是英国最大的百货公司，也是最擅长拍广告的百货公司。2014年，约翰·路易斯百货公司推出的圣诞广告《蒙蒂企鹅》（*Monty the Penguin*）获得了本年度的创意实效全场大奖。

这个圣诞广告短片讲述的是小男孩山姆和他养的小企鹅蒙蒂之间的故事。小企鹅蒙蒂跟山姆一起上学、游戏、滑雪，他们形影不离。有一天，山姆渐渐注意到蒙蒂变得有点和以前不一样，蒙蒂看到大人亲吻的镜头时，眼睛都直了。善良的小男孩山姆决定在圣诞夜那天给蒙蒂准备一个特殊的圣诞礼物——一只母企鹅。

广告代理商指出：“我们每个人都有玩具，试着把那个玩具也看作是我们的伙伴。这则广告想告诉人们，圣诞节的时候，为他人买一件真正喜爱的东西。”

约翰·路易斯百货公司去年制作的圣诞广告《熊与野兔》（*The Bear and The Hare*）就得到了很高的赞誉，但《蒙蒂企鹅》的传播力度有过之而无不及。广告视频上传到YouTube后还没满24小时，播放次数就超过了400万。短短9个小时，视频就被网友分享了12万次，其中Facebook用户分享了9.5万次。广告的主题曲甚至在当周冲到了英国单曲榜的冠军位置。

这个广告视频的广泛传播，为约翰·路易斯百货公司带来了可观的收益。据不完全统计，《蒙蒂企鹅》给公司的销售工作增加了多达1.32亿英镑的收入。

口碑变现需要结合相应的商业模式

口碑营销模式在移动互联网时代兴起并不是偶然的。

智研咨询发布的《2016～2022年中国移动互联网市场专项调研及投资方向研究报告》显示："2014年中国移动互联网各细分行业结构分布中，移动购物一枝独秀占到54.3%的份额，较上年提高17.5个百分点，预计到2018年将占到整体份额的64%。移动广告市场从2014年开始逐步向成熟化发展，占据13.9%的市场份额，预计到2018年其占比可达到23%，稳步提升。移动增值作为曾经移动互联网的支柱领域，随着电信运营商向管道化趋势发展，依靠其生存的SP/CP模式受到冲击，移动增值份额大幅缩减，预计到2018年其占比会进一步降低到5.5%。近几年移动游戏行业发展硕果累累，依靠人口红利优先获得了大量关注，而随着企业资本化趋于理性，以及更多具有运营研发优势的端游企业的进入，都会给移动游戏行业的发展提供更良好的驱动力。"

由此可见，移动互联网的不同盈利模式都在不断发展，购物、广告、游戏等领域发展迅速，移动增值行业的份额有所降低。口碑营销若是想要变现价值，必须选择符合公司情况的移动互联网的商业盈利模式。否则企业只能得个好口碑，而赚不到高利润。

专家视角

你能不能不花一分钱做到100万用户？方法就是抓口碑。因为你没钱可花，要让大家主动夸你的产品，主动向身边的人推荐，就只能专心把产品和服务做好。

——小米科技董事长兼CEO　雷军

精准定位才能提高用户的忠诚度

要点提示

1. 口碑营销与粗放式管理不匹配，必须与精准营销模式相结合；
2. 精准定位能让用户获得自己真正需要的东西，使他们形成较高的品牌忠诚度。

口碑营销需要精耕细作

最佳的口碑效果是公司的产品广受好评，人们忍不住讨论关于产品的种种“传说”和趣闻，以表达对公司品牌的喜爱。要做到这个程度是很不容易的，不光新媒体营销团队要善于与粉丝交流，公司上上下下的全体成员都要树立口碑营销意识，让消费者由衷地为你点赞。显然，那种各自为政且服务内容单调的粗放型营销模式，是很难完成这个任务的。

个性化消费是当今市场的重要方向，消费者对用户体验的需求越来越多样化、精细化。这驱使商家必须不断升级自己的服务方式，才能更好地满足消费者日益复杂的综合需求。

以精准定位和精准推送为特征的精准营销模式，是改善消费者用户体验的有效办法。更重要的是，精准营销模式更利于企业口碑的养成与传播。

口碑营销强调参与和互动。营销人员必需跟广大粉丝客户做频繁而深入的交流。每天浏览大量用户的反馈信息，耐心而幽默地解答用户的疑问，像朋友一样跟粉丝们聊天，培养感情。这种服务方式的工作量很大，工作内容比常规的客服更复杂。但精准营销就需要这样细致入微的服务，这样才能赢得粉丝客户的信赖，进而带动口碑传播。

不过，精准营销最关键的不是后续的精耕细作，而是最开始就精准定位自己的目标客户群。这一步做好了，口碑营销工作将变得更加如鱼得水。

案例研究

在刚开始的时候，1号店的粉丝基数较小，为了增加粉丝数和扩大品牌影响力，1号店营销团队决定采取游戏的方式来吸引自己的目标客户群体。

App游戏draw something首创了“你画我猜”的概念。1号店在微信里做口碑营销时借用了这个概念，推出了“玩我画你猜，赢惊喜大奖”活动。该活动分为以下3个步骤。

（1）关注1号店的官方微信。

（2）接收1号店官方微信每天群发的一幅图片。

（3）订阅官微的用户根据图片来猜出答案并发送给1号店。

那些回复最快且答案正确的粉丝，将获得1号店独家提供的礼品。当然，每次竞猜的得奖用户的名额有限。这个游戏是基于微信的互动属性设计的。微信是新媒体社交平台中最利于精准推送信息的工具。如果能对粉丝进行精准推送，就能形成有效激励，让品牌植入官微订阅用户的互联网生活，而粉丝也能在游戏中得到乐趣。

1号店官方微信通过发布图文的形式来吸引更多人参与这种互动式的竞猜活动，又利用奖品来提高粉丝的用户黏度，让官方微信的粉丝数量很快增长。这种营销手段成本低，容易实现，其局限性是微信的传播性相对其他社交媒体较弱，粉丝基础不够，游戏覆盖人群比较少。但是，微信营销原本就是以强关系社交为基础，立足于对特定的目标用户群进行精准营销。故而1号店选择以游戏的方式来加强粉丝凝聚力，力图在朋友圈里建立更深厚的感情纽带。

精准定位的落脚点是垂直服务

《2016—2022年中国移动互联网市场专项调研及投资方向研究报告》显示："新型垂直服务涌现，商业模式亟待进一步探索。健康、社交、生活小应用，针对不同领域、不同目标人群的垂直服务应用层出不穷，并各自拥有了一定量级的用户数。但是在活跃用户基础上，如何实现产品价值的变现，一直是互联网从业者的一大难题，也是亟待解决的问题。纯粹的免费并不能支撑一个产品、一个公司的运作。目前来看，移动互联网的变现方式，无外乎最终落脚在广告、电商以及游戏上，对于垂直应用来说，切中用户刚需和痛点，结合其垂直服务的专业性，或许可以探索出一条区别于平台型应用的商业模式，带动移动领域增长新的动力。"

新型垂直服务是精准化营销理念的产物，而这种商业模式最大的特点就是完全针对不同类型的目标人群量身定做服务体系。说白了，精准定位是垂直服务的前提。

而口碑营销的价值变现，非常依赖高品牌忠诚度的用户群。这个用户群的产生，离不开对拥有共性的消费者群体的精准定位。从这个意义上讲，垂直服务与口碑营销是相通的，两者都是靠精准定位用户来发挥作用。而他们服务的群体由于喜欢同一品牌，所以更容易制造和传播口碑。

专家视角

谈论产品是建立人际联系的途径之一。穿哪个牌子的牛仔裤，开什么汽车，在哪儿购物，喝什么牌子的啤酒等，都是能够表明我们是谁的要素。在趣味相投的群体中共享激动和兴奋，我们在感情上便得到满足。那些喜欢同一球队或乐队的人，有共同的纽带；那些喜欢同一品牌汽车和衣服的人，也感受着同样的关联。由热心者群体所产生的热情，很容易产生口碑。

——安迪·赛诺维兹

社会化营销：口碑传播的最终方向

要点提示

1. 口碑营销的最终方向是社会化营销；
2. 口碑的最终价值在于对消费者群体产生强大的社会影响力。

社交媒体与口碑营销

口碑营销模式的兴起离不开互联网的发展，尤其是社交媒体的诞生。具有同样消费偏好的人群通过社交媒体聚集在一起，形成了一个个互联网社群圈。这些社群圈子往往线上线下一体化，认可相同的品牌，还会展开线上或线下的联谊活动。可以说，社交媒体让消费者市场变得更加细分化也更加阵营化。做口碑营销前，不能不认清这个基本形式。

乔纳·伯杰教授提到的“社交货币”，在营销活动中变得越来越重要。因为，商家的口碑营销对象不再是一个个原子式的消费者，而是一个人数众多的相对稳定的社群。社交媒体催生了社会化营销理念，口碑营销团队在线上与粉丝客户个体交流感情是不够的，必须针对整个社群的特点来做口碑、做销售。

进一步说，影响传播力的其他五个要素也都是为社会化营销服务的。

通过制造诱因来强化客户所在社群对公司品牌的印象，使之常常能回忆起来，参与口碑讨论。利用社群成员的情感共鸣点来调动他们的情绪，扩大口碑影响力。最能体现社会化营销的是“公开性”因素。人们喜欢相互模仿，而每个社群里的成员也在相互模仿。一个人的变化可能导致整个社群内部的相互模仿，最终全员都产生相应的变化。实用价值对于社群来说可能是一个刚性需求，他们并不喜欢被无用的垃圾信息淹没。故事不仅是社群成员喜欢传播的内容，也是社群成员强化共同兴趣爱好标识的一种途径。

总之，做口碑营销离不开社交媒体，口碑传播的最终方向正是社会化营销，用口碑构建一个线上线下一体化的品牌社群。

案例研究

阿里巴巴集团这几年在社会化营销上投入了很大力度。由淘宝天猫发起的“双十一”购物狂欢节不再只是阿里巴巴的独家活动，而已经成为整个中国互联网电商共同的节日。这种把营销活动发展为节庆活动的手法可谓十分独特。而在2016年初，阿里巴巴又如法炮制，策划并发起了第一个“阿里年货节”。

阿里年货节的口号是“洋货下乡，土货进城”，把电商做到基层乡村去，促进农村电商贸易的发展。其中最有代表性、最让大众感到有趣的活动是“送戏回乡”活动。

许多传统非物质文化遗产技艺在乡村濒临失传，许多在外闯荡的游子想为家乡做点贡献却不知该做点什么。阿里巴巴高层发现这个问题后，决定用“阿里年货节”来加强乡村的商品流通，并发起了以“我为家乡送台戏”为主题的活动。

出门在外的游子可以在网上参与这个众筹活动，通过预先购买几款金额不同的民俗产品来筹集资金。众筹成功后，阿里巴巴在元宵节那一天把黔剧折子戏、川剧变脸、侗族琵琶歌等节目送下乡去，活动覆盖河南、安徽、江西等九省（市）的30个贫困县。

除此之外，阿里巴巴还与相关文化部门联合展开民间非物质文化遗产推广工作，通过众筹的方式把山东高密的美工剪纸、河南开封朱仙镇的木板年画、山东的胶东大饽饽等传统非遗技艺纳入“阿里年货节”中。

互联网科技搭台，非物质文化唱戏，用时髦的电商运营模式来推广非遗老师傅的精湛技艺，这就为大众带来了更多惊喜。因此，“阿里年货节”的开展不仅为我国电商贸易开辟了新思路，而且也为推广非物质文化遗产与丰富乡村文化生活带来了积极的社会意义。

让社会影响力打破次元壁

互联网世界常被人们戏称为“二次元世界”，现实世界则是“三次元世界”。我们在二次元世界中的形象往往与现实中的形象相差甚远，但做口碑营销的企业不同，要力求让自己在二次元与三次元的形象保持高度一致。用互联网的说法就是打破次元壁，超越虚拟世界与现实世界的界限，让线上线下的营销活动与品牌建设一体化。

在上述案例中，以电子商务起家的阿里巴巴集团与多个传统的实体经济单位进行多方合作。一方面把线上品牌的影响力向线下扩展，另一方面又把线下的民间品牌拉到线上。

这不仅仅是让非物质文化遗产开个淘宝店，而是不同行业的企业与政府、乡村、文化艺术团体展开的广泛的社会合作。通过多方合作整合了各方所拥有的社会资源，就能初步打通乡村电子商务的生态圈。

虽然我国是全球第二大经济体，但各区域发展并不平衡。大城市发达的互联网经济成果并没有让中小城市与乡村充分受益。因此，致力于口碑营销的商家，还有广阔的线下市场（特别是乡村市场）需要开拓。

阿里巴巴的社会化营销策略正是立足于这一点，没有把口碑传播局限于主要市场受众，而是将目光投向了急需发展的欠发达地区。虽然还不好判断阿里巴巴的电商下乡会如何发展，但可以肯定的是，其口碑影响将先一步在这块市场中扎根，从而奠定有利的竞争态势。

专家视角

对你的出品情有独钟的客户，喜欢与有同样感情的人抱团。热爱同一品牌的人，都是同一大家庭的成员。既然是一家人，那么家庭团聚就是必不可少的了。这样一来，孤独的谈论者就集结成了口碑的大军。

——安迪·赛诺维兹

制造口碑神话，要满足社群的期望

要点提示

1. 成功的口碑营销必然以社群需求为落脚点；
2. 任何好口碑都是充分满足社群期望的结果。

社群的心思你要懂

由兴趣相投者组成的社群通常是一个稳定的细分目标市场。社群成员大多是“半熟社交”关系。大家喜欢讨论彼此都感兴趣的话题，分享资源与心情，消费习惯高度趋同，但在现实生活中可能并没什么交集。故而称之为“半熟社交”。口碑营销团队跟粉丝客户的关系同样有这种特点，只不过里面还多了一层买卖双方的合作关系。

网络社群可以被分为多个种类，有共同爱好者自发建立的兴趣小组社群，也有商家主持建立的品牌社群。品牌社群的主体成员是产品用户，企业与他们保持稳定的“半熟社交”关系，是维持口碑营销运作的基本前提。

很多企业把口碑营销的重点放在制造口碑神话上，通过制造一个具有传奇色彩的话题来包装产品品牌。这种方式不能说不重要，但以此为方针就未免有些本末倒置了。口碑营销不应从产品出发，而应从用户出发。用户的期望要满足，用户的需求要发掘，用户的体验要舒适，用户的情感要照抚。唯有一切从用户出发，产品才能做得更令人满意，服务才能更加人性化，由产品用户组成的品牌社群才能真正形成凝聚力。

为了更好地笼络品牌社群成员，商家必须深入了解本社群成员的真情实感与生活状况。制作营销内容时也应该设法从他们生活中最有感触的地方入手，并充分表达商家对众消费者的情感关怀。

案例研究

在春节营销中，绝大多数商家都以“回家”“亲情”“团圆”为广告主题，以图引起产品用户以及潜在消费者的情感共鸣。联合利华家乐却没有采取常规思路来讨好用户，而是另辟蹊径，把目光转向了那些过年不回家的人。

按照常规做法，打“团圆饭”牌的广告应该以大团圆结局收尾，无论路上多么困难重重，都要回到家里吃这顿饭。但联合利华家乐的镜头聚焦在不能在除夕夜回家与家人吃年夜饭的厨师身上。

尽管回家过年是春节的主旋律，但实际上，过年不回家的人越来越多。比如，部分公职人员、司机、乘务员等都因岗位不可替代而轮流值班，还有阿里巴巴和京东等电商都以“过年不打烊”的口号，让大量快递员在春节期间继续留在大城市里工作。这些人为了让其他人能回家吃上团圆饭，付出了很多，对维持社会正常运转贡献很大。当其他人开开心心地回家过春节时，这些由于种种原因而不能回家的人，对回家的渴望与对家人的期盼就变得更加强烈。

联合利华家乐注意到了这个特殊社会群体的情感需求，于是通过朋友圈广告的方式来彰显自己品牌的体贴和温暖。除夕夜只是一个形式，最重要的是团聚的心意。联合利华家乐的新媒体营销团队特意制作了H5《回家尝口家乡菜》的小游戏，让那些过年没回家的人可以选择自己所在的省份，听着地方的乡音、看着特色家乡菜，聊以慰藉思乡之心。

做口碑营销无法取悦所有人，却也不需要取悦所有人。像联合利华家乐这样立足于挖掘社群需求来做情感营销，被业界评为2016年上半年最走心的六个口碑营销案例之一，不也在情理之中吗？

社群是口碑营销的蓄水池

从某种意义上说，社群经济是由口碑营销形成的。在产品和服务的口碑的影响下，大量具有共同消费偏好的消费者凝聚在一起，分享着与公司产品相关的话题，保持着比较深入而稳定的社交关系。他们是最热衷于购买公司新产品的消费者，也是传播口碑影响力的主要推动力量。无论从哪个角度来说，一个稳定的品牌社群都将成为企业发展的支柱。

正因为如此，企业做生意时要跟自己的品牌社群进行垂直对接，去掉中间商的层层过滤，直接与最终消费者打成一片。若是连这点都做不到，说明商家的品牌缺乏足够的魅力，无法吸引消费者的注意力，不足以守住自己的细分目标市场。

在市场需求越来越细分化的今天，组建品牌社群是企业必经之路。这个过程固然不是一帆风顺的，但公司上下应当具备这个意识。

口碑营销追求的是广泛的社会影响力，但并不是每个听闻口碑的人都会认可你。潜在消费者的转化率才是决定销售业绩的关键因素。而要把潜在消费者大量转化为忠实客户，最终手段是让他们形成一个互相帮助、分享资源的品牌社群。让这个社群的所有人都认可商家的口碑，远比让数量更多但忠诚度更低的路人认可商家更为重要。

专家视角

人们都有模仿和从众的心理，社会影响会产生集群效应。要让你的产品足够突出，足够引起别人的注意，才能吸引更多的人选择你的产品。正是因为社会影响会产生集群效应，激发口碑传播与共享，因此，增加产品和信息的公共性就要首先增加他们的可视性和公开性。

——乔纳·伯杰

把目标用户群体变成企业品牌的一部分

要点提示

1. 目标用户群体既是企业的收益来源，也是传播口碑的主体；
2. 口碑营销的最高境界是把目标用户群体变成企业品牌的有机组成部分。

让优质粉丝用户参与品牌建设

口碑是通过粉丝变现为价值的，在所有的口碑谈论者中，这一类人为公司带来的利益最大。公司品牌的粉丝来源于目标用户群体，他们既是企业的收益来源，也是传播公司口碑的主要推手。最有意思的是，在其他消费者群体眼中，你的粉丝相当于你的形象代言人。假如他们跟你的粉丝吵架，会把你的粉丝当成是“你的人”。

对于口碑营销来说，这应该是件好事。粉丝用户能被别人贴上你特有的品牌标签，说明他们平时就在有意无意地帮你传播口碑，以至于给大众留下如此印象。不过从另一个角度来看，这也可能是一件坏事。当粉丝用户的形象与商家品牌的整体形象挂钩后，公司跟他们如同连锁战船，一损俱损，一荣俱荣。高素质的粉丝队伍能传播更多的正能量，让公司的声誉锦上添花。素质差的粉丝队伍很容易激起大众的公愤，最终的黑锅由商家来背负。

与其坐以待毙，不如主动出击。商家在目标用户群体中发展忠实粉丝时，应该主动把那些在广大用户中有影响力的高素质者纳入自己的品牌建设当中。只有让优秀的人参与品牌建设，才能避免粉丝队伍变得乌烟瘴气，避免败坏公司的整体品牌形象。

案例研究

美国著名的摩托车制造商哈雷-戴维森公司成立于1901年，是一个以大排量摩托车为拳头产品的百年老店。这家公司进入互联网时代以后也在与时俱进，利用各种互联网平台与社交媒体凝聚自己的目标用户群体。

哈雷-戴维森公司的官方网站上有这样一句格言：“谁说家庭不能选择？”这里的家庭指的是哈雷摩托车车手群俱乐部，该俱乐部在现实世界中拥有上千家分会，会员总数多达一百万以上。这个庞大的组织是哈雷摩托车的用户们共享信息、拥抱爱好的乐园。

在生活中，哈雷摩托车的用户们与其家人未必有同样的爱好，车主们兴致勃勃地谈论关于哈雷摩托车的内容时，得到的可能只是不理解与不耐烦，大家都是孤独的谈论者。但通过哈雷摩托车车手群俱乐部与互联网，一个个孤独的谈论者找到了意气相投之人。大家信奉“骑摩托，得快乐”的口号，相互讨论着自己的爱车，感情深厚得仿佛一家人。于是，车手群俱乐部自然而然地成为哈雷摩托车品牌的一个有机组成部分，扮演着口碑传播主力军的角色。

哈雷-戴维森公司每年都会为这些摩托车发烧友举办多达几十次的州内比赛与全国拉力赛。有的年度拉力大赛是超过50万人参与的发烧友大聚会。这样一来，哈雷摩托车车手们更加热爱这个品牌，哈雷-戴维森公司也由此获得新的口碑传播话题。

粉丝的特殊心理——希望成为“内部人士”

商家想把发烧友纳入自己的整体品牌形象，就要满足他们的一种特殊心理需求——成为“内部人士”。所谓内部人士，并不是说让发烧友成为企业的正式员工，而是让他们享受一般粉丝所没有的特殊待遇。

乔纳·伯杰教授在研究口碑营销案例时发现，茹拉网通过限时抢购高端品牌商品获得了巨大的成功。这家网上商城曾经门可罗雀，后来却让消费者争相抢购，其成功秘诀就是让消费者成为内部人士。

教授总结道：“会员专享的模式让该网站的会员有种内部人士的感觉。就像用天鹅绒绳拦阻参加派对的普通人，以防他们进入上层人士的夜店一样，人们会认为如果只有会员才能登录网站，那么这个网站一定有可取之处。”

当商家在营销活动中设置一定的稀缺性和专属性时，就能让发烧友们感觉自己是享受特殊待遇的内部人士，并得到比VIP客户更高的地位。这种心态使得他们对公司品牌拥有了更多的认同感，口碑传播的热情也会水涨船高。如此一来，商家对这群优质用户的整合力度将达到一个新的层次，口碑营销的覆盖面也会空前扩张。

专家视角

围绕一个品牌结合成群体的成员，比如哈雷-戴维森牌摩托车车手，麦金托什计算机使用者，尼康相机拥有者，最有可能谈论各相关公司的产品。要这个动机发挥作用，全在于动员群体成员的自我意识。分发T恤、帽子、车贴，或临时文身，举办活动和聚会，让他们聚集在一起。必须使这些人自我感觉与众不同，就像是一家人，具有某些共同的利害和喜恶。

——安迪·赛诺维兹